Daniel Kieslinger

Die Refinanzierung inklusiver Leistungsangebote im Spannungsfeld von wirtschaftlicher und fachlicher Jugendhilfe

LAMBERTUS

Laden Sie dieses Buch kostenlos auf Ihr Smartphone, Tablet und/oder Ihren PC und profitieren Sie von zahlreichen Vorteilen:

- **kostenlos:** Der Online-Zugriff ist bereits im Preis dieses Buchs enthalten
- **verlinkt:** Die Inhaltsverzeichnisse sind direkt verlinkt, und Sie können selbst Lesezeichen hinzufügen
- **durchsuchbar:** Recherchemöglichkeiten wie in einer Datenbank
- **annotierbar:** Fügen Sie an beliebigen Textstellen eigene Annotationen hinzu
- **sozial:** Teilen Sie markierte Texte oder Annotationen bequem per E-Mail oder Facebook

Aktivierungscode: kirf-2022

Passwort: 1008-9901

Download App Store/Google play:

- **App Store/Google play** öffnen
- Im Feld **Suchen Lambertus+** eingeben
- **Laden** und **starten** Sie die **Lambertus+ App**
- Oben links den Aktivierungsbereich anklicken um das E-Book freizuschalten
- Bei **Produkte aktivieren** den **Aktivierungscode** und das **Passwort** eingeben und mit **Aktivieren** bestätigen
- Mit dem Button **Bibliothek** oben links gelangen Sie zu den Büchern

PC-Version:

- Gehen Sie auf **www.lambertus.de/appinside**
- **Aktivierungscodes** oben anklicken, um das E-Book freizuschalten
- **Aktivierungscode** und **Passwort** eingeben und mit **Aktivieren** bestätigen
- Wenn Sie Zusatzfunktionen wie persönliche Notizen und Lesezeichen nutzen möchten, können Sie sich oben rechts mit einer persönlichen E-Mail-Adresse dafür registrieren
- Mit dem Button **Bibliothek** oben links gelangen Sie zu den Büchern

Bei Fragen wenden Sie sich gerne an uns:
Lambertus-Verlag GmbH – Tel. 0761/36825-24 oder
E-Mail an info@lambertus.de

SOZIAL | RECHT | CARITAS

Daniel Kieslinger

Die Refinanzierung inklusiver Leistungsangebote im Spannungsfeld von wirtschaftlicher und fachlicher Jugendhilfe

Bundesverband Caritas
Kinder- und Jugendhilfe e.V.

Bibliografische Information der Deutschen Nationalbibliothek

Die Deutsche Nationalbibliothek verzeichnet diese Publikation in der Deutschen Nationalbibliografie; detaillierte bibliografische Daten sind im Internet über http://dnb.d-nb.de abrufbar.

1. Auflage 2022

www.lambertus.de
Umschlaggestaltung: Nathalie Kupfermann, Bollschweil
Druck: Wir machen Druck, Backnang
ISBN 978-3-7841-3546-5
ISBN eBook 978-3-3547-2

Inhalt

Vorwort

Spätestens mit der Verabschiedung des Kinder- und Jugendstärkungsgesetzes (KJSG) wird die Frage, wie sich die ‚Inklusive Lösung' im SGB VIII eigentlich finanzieren soll, drängender – wenngleich sie in der öffentlichen Debatte immer nur unter vorgehaltener Hand angesprochen wird. Dass die Umgestaltung der Kinder- und Jugendhilfe hin zu einer teilhabeorientierten und damit inklusiven Leistungserbringung Geld kosten wird, ist klar, doch welche finanziellen Auswirkungen die strukturellen, fachlichen und organisationalen Veränderungen haben werden, ist noch nicht abzusehen.

Die vorliegende Studie, die im Rahmen des Masterstudiengangs „Sozialmanagement" an der Evangelischen Hochschule Freiburg entstand, möchte einen Beitrag dazu leisten, die Fragen anzugehen und eine erste Orientierung in diesem Umstrukturierungsprozess bieten.

Zu Beginn möchte ich nicht versäumen, den Menschen zu danken, ohne die die Entstehung der vorliegenden Publikation nicht möglich gewesen wäre. Vor allem bin ich meiner Ehefrau, Prof. i. K. Dr. Kristina Kieslinger, zu tiefem Dank verpflichtet, die mir nicht nur Freiräume zum Schreiben geschaffen hat, sondern vor allem mit konstruktiver Kritik den Entstehungsprozess begleitet und nicht nur einmal den Text korrekturgelesen hat.

Auch möchte ich mich bei meinem Arbeitgeber, dem Bundesverband Caritas Kinder- und Jugendhilfe e.V. und dessen Geschäftsführer Stephan Hiller bedanken, der mich im berufsbegleitenden Studium immer wieder unterstützt hat.

Der fachlichen Begleitung dieser Arbeit Herrn Prof. Dr. Wolfgang Schröer und Frau Prof. Dr. Isabell Ihring gilt ebenso mein herzlichster Dank wie auch Frau Sabine Winkler, die vonseiten des Lambertus-Verlages das Erscheinen der vorliegenden Studie möglich gemacht hat.

Die Studie kann nur ein kleiner Beitrag sein, das ‚Wie' der inklusiven Lösung im SGB VIII zu konturieren, ich hoffe, Sie können sie mit Gewinn lesen!

Freiburg, im September 2022

1 Einleitung

„Man muss befürchten, dass es dem Kapitalismus gelingt, noch jede gute Idee zur Gestaltung der sozialen Welt sich zu eigen zu machen und zu pervertieren“ (Winkler 2018, S. 79).

In seiner „Kritik der Inklusion“ deutet Michael Winkler auf ein Problem hin, welches sich in unterschiedlichsten Bereichen sozialstaatlichen Handelns manifestiert: Konzepte und Ideen, welche zum Wohl der Bürger*innen sind, werden durch Leistungslogik und Finanzdruck in ein Prokrustesbett gelegt und können dadurch nicht mehr die intendierte gesellschaftliche Wirkung entfalten. Der Umsetzung der „Inklusiven Lösung“[1] in die Praxis der Kinder- und Jugendhilfe droht in den kommenden Jahren dieses Schicksal: § 107 des durch das Kinder- und Jugendstärkungsgesetz (KJSG) novellierten Sozialgesetzbuchs acht (SGB VIII)[2] enthält sinngemäß folgende Aussage: Durch die Neuerungen des KJSG und des 2028 zu verabschiedenden neuen SGB VIII sollen keine Mehrkosten entstehen, gleichzeitig soll die fachliche Qualität der erbrachten Leistungen nicht vermindert werden. Das zieht unmittelbar die Frage nach sich: warum dann ein Gesetz, wenn sich eigentlich nichts verändern soll?

Die sich darin ausdrückende Ambivalenz im politischen Handeln in Bezug auf die Verwirklichung und Umsetzung der Behindertenrechtskonvention der Vereinten Nationen (UN-BRK) – 2009 von der Bundesrepublik Deutschland ratifiziert – in verschiedenen Rechtskreisen deutet auf eine Grundschwierigkeit gegenwärtigen sozialstaatlichen Handelns hin: Auf der einen Seite will

1 Der Begriff und die Übersetzung von „Inklusion“ besonders in die Kinder- und Jugendhilfe ist nach wie vor ein nicht ausreichend beforschtes und theoretisch unterbeleuchtetes Feld (vgl. Hopmann 2019, S. 128). Unter dem Schlagwort der „Inklusiven Lösung“ der Kinder- und Jugendhilfe wird seit einigen Jahren die Gesamtzuständigkeit der Kinder- und Jugendhilfe für alle jungen Menschen unter dem SGB VIII diskutiert (vgl. AGJ,2013), wobei „[d]er Begriff ‚Inklusion‘ […] dabei mitunter synonym für die Gesamtzuständigkeit der Kinder- und Jugendhilfe für alle Kinder, Jugendliche und junge Volljährige steht“ (Oehme/Schröer 2016, S. 275).

2 Im Folgenden wird sich im direkten Bezug immer auf die aktuelle Version des SGB VIII bezogen, welches durch die Veröffentlichung im Bundesgesetzblatt BGBl. 2021 I, 1444 an die Änderungen des Kinder- und Jugendstärkungsgesetzes angepasst wurde.

der Staat seinen Bürger*innen ein hohes Maß an Teilhabe ermöglichen – und muss dies auch tun – andererseits hat der Einfluss neoliberal-kapitalistischer Marktlogik den sozialen Sektor (und die gesamte Gesellschaft) fest im Griff. Daraus resultiert, dass sozialstaatliche Leistungen oft nicht nach deren langfristigen (positiven oder negativen) Effekten befragt werden, sondern nur nach deren kurzfristigen Kosten – die am besten so gering wie möglich sein sollten (vgl. Wiesner 2016, 1270).

In der Kinder- und Jugendhilfe im Allgemeinen – und den Erziehungshilfen im Speziellen – manifestiert sich dieses Spannungsverhältnis im Zueinander von „Wirtschaftlicher" und „Pädagogischer Jugendhilfe". Die vorliegende Studie beleuchtet diese nicht immer konfliktfreie Beziehung (vgl. Wiesner 2016, S. 1276) vor dem theoretischen Hintergrund des Inklusionsparadigmas sowie des Kinder- und Jugendstärkungsgesetzes.

Dabei steht vor allem die Finanzierungslogik der Hilfen zur Erziehung im Mittelpunkt, um daraus Rahmenkonstanten abzuleiten, anhand derer eine zukünftige Finanzierung inklusiver Hilfearrangements unter dem Dach der Kinder- und Jugendhilfe skizziert werden kann. Dies geschieht vor dem Horizont der oben beschriebenen Ambivalenz, welcher zunächst aufgespannt werden soll, ehe die detaillierten Fragestellungen zu explizieren sind sowie der Aufbau der Studie darzulegen ist.

1.1 Problemhorizont der Studie

„Kinder, Jugendliche ebenso wie die Jugendhilfe sind eng verwoben mit einer sich wandelnden kapitalistischen Gesellschaft. Eine Gesellschaft, die immer mehr – nicht zuletzt durch entsprechende sozialstaatliche Regelungen – die Existenzsicherung, soziale Integration und Anerkennung über Erwerbsarbeit organisiert und damit die ökonomische Verwertbarkeit der Einzelnen, bzw. bei Kindern die zukünftige Marktförmigkeit hervorhebt" (Götsch/Bliemetsrieder 2019, S. 1).

Folgt man dieser Interpretation des sozialstaatlichen Handelns, so widerspricht die implizite Haltung des Systems der Kinder- und Jugendhilfe dessen expliziter Intention. Der Staat möchte, so zumindest sein in § 1 SGB VIII formulierter Anspruch, das Aufwachsen junger Menschen „sowie ihre Entwicklung zu einer eigenverantwortlichen und gemeinschaftsfähigen Persönlichkeit ermöglichen" (Graßhoff 2021, S. 174).[3]

Um dieser Aufgabe gerecht zu werden, hat sich ein ausdifferenziertes Angebotsspektrum von unterschiedlichsten Hilfe- und Unterstützungsarrangements herausgebildet, welche im sozialstaatlichen Dreiecksverhältnis zwischen Leistungsgewährer*innen, Leistungserbringer*innen und Leistungsberechtigten ausgehandelt, finanziert und erbracht werden (vgl. Hinken 2019, S. 53).

In der oben zitierten Lesart würde der vielfach fast schon als sozialromantisches Zauberwort verwendete Begriff der Inklusion somit bedeuteten, dass möglichst alle jungen Menschen zu marktförmigen Subjekten gestaltet werden sollen (vgl. Götsch/Bliemetsrieder 2021, S. 37), um den kapitalistisch-neoliberal[4] geprägten Gesetzen des Konsums und der Leistungsgesellschaft unterworfen zu werden. So kann zurecht am Beginn dieser Abhandlung die Frage gestellt werden, welche Gesellschaft es denn ist, in der die Teilhabe an derselben „als zu realisierende Zielgröße formuliert wird" (Thieme 2021, S. 61)?

Was im Einzelnen das jeweilige Individuum betrifft, hat auch auf die Institutionen der Kinder- und Jugendhilfe Auswirkungen: Einerseits sind sie die „Reproduzent*innen" der durch den neoliberalen Kapitalismus geformten Subjektivierungsweisen (vgl. Götsch/Bliemetsrieder 2021, S. 37), andererseits sind sie selbst den Logiken des Marktes unterworfen, was sich in der zunehmenden Ökonomisierung Sozialer Arbeit manifestiert (vgl. Hinken 2019, S. 54). Diesen Institutionen wird durch den Gesetzgeber nun die Aufgabe übertragen, das Paradigma der Inklusion zu adaptieren, implementieren und umzusetzen. Dieses – was noch zu zeigen sein wird – trägt allerdings im Kern die Überwindung der kapitalistisch-neoliberalen Leistungsgesellschaft in sich und stellt das Subjekt ins Zentrum. Dessen Selbstzwecklichkeit kann aber im kantischen Sinne nicht zu einer „Marktförmigkeit", sondern nur zur „Selbstidentität" führen.

3 Graßhoff zitiert hier noch die alte Version des SGB VIII, vor der Novellierung durch das KJSG. In der neuen Formulierung mit Stand 3. Juni 2021 heißt es im § 1 SGB VIII Abs. 1: „Jeder junge Mensch hat ein Recht auf Förderung seiner Entwicklung und auf Erziehung zu einer selbstbestimmten, eigenverantwortlichen und gemeinschaftsfähigen Persönlichkeit."

4 In der Definition von kapitalistisch-neoliberaler Leistungsgesellschaft schließe ich mich den Ausführungen von Bliemetsrieder/Götsch (2021, S. 21) an, welche damit das Eindringen von Marktlogiken wie Akkumulation, Effizienz, Rationalität und Nutzenmaximierung in alle Lebensbereiche meinen. Diese Prinzipien werden damit zu organisationalen Maximen und Leitmotiven der Gesellschaft.

Diesem Spannungsverhältnis müssen sich die Führungsverantwortlichen in Sozialunternehmen der Erziehungshilfen bewusst sein. Besonders vor dem Hintergrund der Finanzierungsfrage von Angeboten für inklusive Leistungen in der Kinder- und Jugendhilfe und insbesondere den Erziehungshilfen folgen für die vorliegende Studie zwei Konsequenzen, welche als Hintergrundfolie für alle weiteren Überlegungen dienen:

(1) Die Institutionen der Erziehungshilfen– und besonders die im weiteren Verlauf im Fokus stehenden freien Träger – müssen sich in organisationaler Reflexion dessen bewusst werden, dass eine unhinterfragte Ermöglichung der Teilhabe aller jungen Menschen an einer zweckrationalen Leistungsgesellschaft, dem eigentlichen Ziel der individuellen Entwicklung entgegenläuft. Dies würde die diversen „toxischen"[5] Differenzkategorien nur weiter reproduzieren, die das Konzept der Inklusion zum einen nötig machen, zum anderen als Utopie diskreditieren.

(2) Das Umsetzen des inklusiven Paradigmas in organisationale Strukturen deutet auf die oben angedeutete Widersprüchlichkeit der impliziten und tatsächlichen Ausrichtung der Kinder- und Jugendhilfe hin. Widmet man sich also den Finanzierungslogiken innerhalb dieses Systems, ist es notwendig systemimmanent zu argumentieren, ohne sich dabei Denkverbote aufzuerlegen, welche auf Möglichkeiten jenseits des bestehenden Systems hindeuten.

Die beiden Pole, zwischen denen sich diese Studie somit bewegt, sind einerseits die Implikationen, die aus dem inklusiven Paradigma für das Individuum und die Organisation einerseits folgen, andererseits das notwendige Gerechtwerden der neoliberal-kapitalistischen Marktmechanismen. Anders formuliert: Das Austarieren zwischen dem sich aus einer konsequent inklusiven Haltung ergebenden notwendigen erzieherischen Handeln unter Voraussetzung einer ermöglichenden betrieblichen Infrastruktur und wirtschaftlichen Zweckrationalitäten.

5 Der Begriff der „toxischen" Differenzkategorien verweist auf Binaritäten wie „behindert – nicht behindert", „arm – reich", „deutsch – nicht deutsch", oder allgemein: „normal – nicht normal". Diese Kategorien sind in soziologischen Differenzierungstheorien für die Konstitution moderner Gesellschaften zwar essenziell, machen aber die Entwicklung eines Paradigmas von Inklusion in diesem Kontext erst notwendig (vgl. Bommes/Scherr 2012, S. 116).

1.2 Fragestellung und Aufbau der Studie

Vor diesem Hintergrund als Kulisse soll sich die vorliegende Abhandlung mit der leitenden Frage befassen, wie ein möglicher Finanzierungsrahmen für inklusive Leistungsangebote in den Hilfen zur Erziehung ausgestaltet werden kann. Zur Beantwortung dieses primären Erkenntnisinteresses sind weitere davon abgeleitete Fragen zu beantworten.

So ist zunächst in Kapitel zwei zu klären, was mit dem „inklusiven Paradigma" gemeint ist und welche Relevanz dieses für die Praxis der Hilfen zur Erziehung hat. Diese Implikationen sind sowohl auf pädagogischer als auch organisationaler Ebene darzulegen, um sich anschließend der Frage nach der Finanzierung inklusiver Leistungsangebote widmen zu können. Dazu wird zunächst ein theoretischer Inklusionsbegriff geformt, normativ gefüllt und schließlich auf das konkrete Arbeitsfeld der Hilfen zur Erziehung übertragen.

In einem nächsten Schritt befasst sich Kapitel drei mit den gegenwärtigen Finanzierungspraktiken in der Kinder- und Jugendhilfe und deren spezifischen Ausprägungen in den Erziehungshilfen. Daraus sollen am Ende des Kapitels Konturen für die Hypothesenbildung der durchgeführten Befragung nachgezeichnet werden.

Diese theoretische Basis bildet die Grundlage für die in Kapitel vier dargestellte empirische Studie. Diese will das aktuelle Verhältnis von wirtschaftlicher und pädagogischer Jugendhilfe beleuchten, um mögliche Stellschrauben für die Entwicklung der Finanzierungsstruktur inklusiver Erziehungshilfen zu identifizieren.

Das letzte Kapitel widmet sich schließlich der Zusammenführung der verschiedenen Stränge und versucht resümierend Leitplanken auszumachen, welche die Refinanzierung inklusiver Angebote in eine zukunftsorientierte Erziehungshilfe begleiten können.

2 Inklusion – kritisches Korrektiv mit revolutionärer Kraft?

Dem Inklusionsgedanken eine revolutionäre Kraft zuzuschreiben mag für manche klingen wie ein Treppenwitz. So wird ihm in der fachlich-pädagogischen Debatte ein Scheitern konstatiert und „Inklusion" als verbrannter Begriff gekennzeichnet (vgl. Stahlmann 2019, S. 40). Unterstrichen wird diese These, wenn in der fachlichen und politischen Diskussion die Engführung von Inklusion auf Menschen mit Behinderungen „vor allem die ältere Diskussion um die Integration" (Oehme/Schröer 2018, S. 287) erweitert, und so nicht zu einer substanziellen Veränderung schon bestehender Strukturen und praktischen Handlungsweisen führt.

Um dem postulierten revolutionären Charakter des Inklusionsgedankens herauszuarbeiten, werden in groben Zügen zunächst die historischen Ursprünge nachgezeichnet, welche den Inklusionsbegriff zu einem „neuen bildungswissenschaftlichen und bildungspolitischem Leitbegriff" werden ließen, welcher „mit erheblichen sozialmoralischen und politischen Ansprüchen sowie weitreichenden pädagogischen Versprechen aufgeladen ist" (Dederich 2020, S. 527).

Daran anschließend reflektiert diese Studie „Inklusion" zunächst auf einer Metaebene, indem Luhmanns *Theorie funktionaler Differenzierung* herangezogen wird, um dem Inklusionsparadigma unter Zuhilfenahme der Interpretationen von Armin Nassehi (2004) sowie Michael Bommes und Albert Scherr (2012) ein theoretisches Grundgerüst zur Verfügung zu stellen. Dabei wird mit den genannten Personen über diese hinausgedacht und ein eigenes Konzept zur normativen Füllung des Inklusionsparadigmas entwickelt.

Dieser Schritt gelingt dadurch, dass in den entwickelten metatheoretischen Rahmen normative Verstrebungen eingezogen werden, wobei sich an Dederich (2020) orientiert wird. Das so konstruierte Inklusionsparadigma ist anschließend in einem weiteren Schritt in konkrete Koordinatenbestimmungen für eine „inklusive Kinder- und Jugendhilfe" zu überführen. Diese Koordinaten stecken dann sowohl den pädagogischen als auch den organisationalen Horizont ab, vor welchem sich im anschließenden Kapitel die Finanzierungsfragen „inklusiver Kinder- und Jugendhilfe" im Allgemeinen und im Besonderen der Hilfen zur Erziehung entfalten lassen.

2.1 Historische Streiflichter

„Als hoch anschlussfähiges Konzept mit großer Reichweite fungiert Inklusion als ‚Containerbegriff' und als ‚leerer Signifikant', dessen Bedeutung keineswegs beliebig ist, aber immer wieder neu aufgefüllt werden muss." (Peter/Waldschmidt 2017, S. 37).

Der aus der strukturalistischen Sprachphilosophie entlehnte Ausdruck des „leeren Signifikanten" aus oben stehendem Zitat fasst die Begriffs- und Rezeptionsgeschichte der „Inklusion" hervorragend zusammen. So bedarf das Zusammenspiel von „Signifikant" und „Signifikat", also „Bezeichnendem" und „Bezeichnetem", immer einer Konvention (vgl. Kortmann 2005, S. 16). Das Ringen um diese Konvention, worauf der bezeichnende Ausdruck „Inklusion" inhaltlich hinweist, lässt sich in zwei Disziplinen bzw. Bereichen nachzeichnen: Dem aus gesellschaftlichen Diskussionen entspringenden pädagogisch-erziehungswissenschaftlichen Begriff der Inklusion und der sozialphilosophisch-soziologischen Debatte. Dabei fällt auf, „dass die soziologische Theorie und die gesellschaftliche Diskussion zwar lose aufeinander verweisen, aber bisher kaum systematisch miteinander verknüpft werden" (Peter/Waldschmidt 2017, S. 31). Wie sich historisch die Begriffsbestimmung und inhaltliche Füllung entwickelt hat, bereitet im Folgenden die Kulisse, in welcher der für diese Studie konstruierte Inklusionsbegriff arrangiert wird.

2.1.1 Die pädagogisch-erziehungswissenschaftliche Debatte

Mit Blick auf die jüngere Vergangenheit setzt die pädagogische Auseinandersetzung mit der Idee der Inklusion in Deutschland[6] in den 70er Jahren durch die Frage der Integration von jungen Menschen aus Zuwanderungsfamilien ein (vgl. Dederich 2020, S. 528). Global gesehen und auch für die

6 In anderen Ländern wurde die Debatte bereits früher und intensiver diskutiert, was sich in Konzepten und Strukturen der Bildungslandschaft beispielsweise in den skandinavischen Ländern zeigt (vgl. Elger-Rüttgardt 2016, S. 124 ff.).

Disabilitystudies sowie die Intersektionalitätsforschung von großer Bedeutung gelten die USA der 70er Jahre als Referenzzeitraum des Inklusionsgedankens (vgl. Walgenbach 2016, S. 651). So wird für die gesellschaftliche Diskussion immer wieder auf die Bürgerrechtsdebatte rekurriert, und als Initialbewegung für die Integrations- und Inklusionspädagogik markiert (vgl. Hopmann 2019, S. 25), wo diese ihren (sozialpolitischen) Ursprung in Frauen- sowie Selbsthilfebewegungen findet (vgl. Hopmann 2021, S. 25).

In Deutschland formieren sich bereits gute zehn Jahre früher die ersten Selbstvertretungen von Menschen mit Behinderungen und deren Familien (vgl. Gründung der Lebenshilfe 1958). Die Auseinandersetzung pädagogischer und vor allem bildungswissenschaftlicher Art setzt erst in den 90er Jahren des vergangenen Jahrhunderts mit der Salamanca-Erklärung der UNESCO 1994 und diversen Beschlüssen auf Landesebene verstärkt ein (vgl. Dederich 2020, S. 528). Als Meilenstein und wichtigstes Referenzdatum für die jüngste fachlich pädagogische und erziehungswissenschaftliche Debatte wird von den meisten Autor*innen die Ratifizierung der Behindertenrechtskonvention der Vereinten Nationen (UN-BRK) am 26. März 2009 herangezogen (vgl. Hopmann 2019, S. 13). Diese kennzeichnet aber für viele (vgl. z.B. Winkler 2018, S. 21) auch den Beginn einer überhasteten Umsetzung des Inklusionsgedankens – mit dem fast ausschließlichen Fokus auf Schule und Menschen mit Behinderungen[7] (vgl. Stahlmann 2019, S. 36). Mit Hopmann (2019, S. 36) ist zudem darauf hinzuweisen, dass es besonders im Bereich der Hilfen zur Erziehung wichtig ist, die Isolierung der beiden Diskursbereiche von behinderungsspezifischer Inklusion und benachteiligungsbezogener sozialer Exklusion aufzulösen und als aufeinander bezogene Differenzkategorien zu sehen, da gerade die Erziehungshilfepraxis zumeist in diesem Spannungsfeld operiert (vgl. Weinbach 2021, S. 77).

In Bezug auf die Kinder- und Jugendhilfe und insbesondere die Hilfen zur Erziehung kann „[d]ie bisherige Forschungslage […] als äußerst dünn und daher als weitreichendes Desiderat bezeichnet werden“ (Hopmann 2019, S. 126). Zwar haben in den vergangenen Jahren vielfach Diskussionen um die „Große“ bzw. „Inklusive Lösung“ in der Kinder- und Jugendhilfe stattgefunden, jedoch zumeist aus der Perspektive der singulären Differenzkategorie der Behinderung und weniger mit intersektionaler Brille.

7 Der Begriff der Behinderung wird im Folgenden noch näher zu beleuchten sein, ist er doch eine Schlüsselkategorie, an welcher sich toxische Kategorisierungspraktiken manifestieren.

So gestaltet sich auch die jüngste Debatte im Zuge des Kinder- und Jugendstärkungsgesetztes (KJSG) vor allem als das enggeführte Vorhaben Leistungen für junge Menschen mit und ohne Behinderungen unter dem Dach der Kinder- und Jugendhilfe zu vereinen (vgl. Hopmann 2021, S. 30). Obwohl bereits „der 13. Kinder- und Jugendbericht [dem Feld, *Anm. DK*] die inklusive Ausrichtung ins ‚Stammbuch' (Hollweg/Kieslinger 2020, S. 70) schreibt, steht der Prozess der inhaltlichen Füllung und Auseinandersetzung mit dem Signifikat des Inklusionsbegriffes besonders in der pädagogischen und organisationalen Praxis der Erziehungshilfen noch ganz am Anfang (vgl. Hopmann 2021, S. 32).[8]

Dieser kurze, holzschnittartige und bei Weitem nicht abgeschlossene Überblick über die pädagogisch-erziehungswissenschaftliche Debattenlage soll genügen, um einen ersten Eindruck der vielfältigen Entstehungs- und Bezugskontexte von Inklusion zu bekommen.

2.1.2 Die Sozialphilosophisch-soziologische Debatte

Die parallel geführten theoretisch-soziologischen Auseinandersetzungen mit dem Inklusionsbegriff lassen sich in unterschiedliche Diskursstränge und sozialphilosophische Denktraditionen einteilen. Im Folgenden möchte ich ohne den Anspruch auf Vollständigkeit drei herausragende Stränge skizzieren, um die Vielfältigkeit der Inklusionsdebatte auch in den Sozialwissenschaften darzustellen. Dazu werden drei unterschiedliche Ansätze konturiert, von denen jener der Strukturtheorie im nächsten Abschnitt näher ausgeführt werden soll.

Zunächst kann die mit dem Begriff des *Citizenship* verbundene Auseinandersetzung Thomas H. Marshalls genannt werden (vgl. Peter/Waldschmidt 2017, S. 33), welcher über die Zuschreibung von Rechten „die soziale Staatsbürgerschaft als fundamentales individuelles Recht" (Peter/Waldschmidt 2017, S. 33) herausstellt und den Zusammenhang einer kapitalistischen Wirtschaftsstruktur und demokratischen Staatsgebilden erläutert. Dieser setzt sich vor allem mit Exklusionsphänomenen der modernen Gesellschaft im Großbritannien der 1950er Jahre auseinander.

---

8 Zur aktuellen Gesetzesreform Näheres unter Kapitel 2.4.

Ein weiterer, aus der französischen Philosophie entspringender und mit dem Namen Michael Foucault verbundener Ansatz wird im Kontext des Poststrukturalismus verortet. „Dieser Diskursstrang hat sich mit einer breiten gesellschaftlichen Kritik an den institutionell verkörperten Routinen der Normierung und Normalisierung verbunden, die mit einer umfassenden Aufwertung von Differenz und Vielfalt einhergeht" (Peter/Waldschmidt 2017, S. 34).

Der dritte zu nennende und wohl in Deutschland prominenteste Ansatz ist im Kontext der Theorie sozialer Differenzierung verortet (vgl. Winkler 2018, S. 87). Angestoßen und inspiriert durch die bereits oben benannte US-amerikanische Bürgerrechtsbewegung entwickelt sich dieser weitere Strang soziologischer Diskurse mit dem Begriff „Inklusion". Ähnlich wie der Foucault'sche Ansatz führt dieser auch den „Antipoden" der „Inklusion" mit in die Auseinandersetzungen ein: die „Exklusion". Da sich die Bildung des metatheoretischen Bezugsrahmens anhand dieses Ansatzes entfaltet, wird auf die Theorie der Differenzierung von Niklas Luhmann und deren Interpretation durch Armin Nassehi im folgenden Abschnitt detaillierter eingegangen.

2.2 Exklusion und Inklusion – von Kategorisierungen und De-Kategorisierungen

„Es gibt offenbar einen kulturellen Ordnungsbedarf, der nach Aufrechterhaltung von Kategorien verlangt, um Orientierungs- und Handlungssicherheit zu gewährleisten" (Hirschauer 2014, S. 173).

Die moderne analytische Philosophie fasst Kategorien als notwendige Strukturelemente begrifflicher Systeme, welche die phänomenologisch beschreibbare Welt fassbar machen. Kategorisierungen sind somit zunächst nichts Normatives, sondern dienen einem rein funktionalen Zweck. Ob eine Kategorie gut, schlecht, wünschenswert ist oder nicht, spielt dabei keine Rolle. Diese rein deskriptive Definition im Kontext der philosophischen Ontologie zeigt m. E. sehr gut, warum der soziologischen Theorie der funktionalen Differenzierung von Niklas Luhmann zumeist die notwendigen „Werkzeuge" (vgl. Ludwig-Mayerhofer 2009, 18) abgesprochen werden, um für tatsächliche gesellschaftliche Problemkonstellationen fruchtbar sein zu können (vgl. Hopmann 2019, S. 63).

So setzen sich verschiedene Autor*innen mit Luhmann auseinander und unterziehen seiner Theorie auf unterschiedlichen Ebenen der Kritik. Hopmann (2019) beispielsweise arbeitet sich in seiner Dissertation an der Luhmann'schen Theorie ab, um anschließend den Versuch zu unternehmen „soziale Exklusion" und „behinderungsspezifische Inklusion" miteinander in Beziehung zu setzen. Dabei versäumt er es jedoch einen normativen Bezugsrahmen herzustellen, welcher die Verbindung von sozialphilosophisch-soziologischer und pädagogisch-erziehungswissenschaftlicher Debatte um „Inklusion" bewerkstelligen hätte können. Dies liegt m. E. darin begründet, dass er sich den Urteilen von Farazin (2006) und Ludwig-Meyerhofer (2009) anschließt, welche den kommunikationstheoretischen Begriff der Inklusion aufgrund seiner fehlenden Normativität als für die spezifischen gesellschaftlichen Entwicklungen als mangelhaft markieren (vgl. Hopmann 2019, S. 63).

Ein weiterer Versuch ist bei Bommes und Scherr (2012) zu finden, denen es gelingt eine „Soziologie der Sozialen Arbeit" zu entwerfen und Luhmanns Ansatz für das Arbeitsfeld zugänglich zu machen. Jedoch schaffen auch sie den Brückenschlag zwischen Soziologie und Pädagogik nicht, konstatieren sie den Feldern von Soziologie und Sozialer Arbeit lediglich eine „Wahlverwandtschaft [...] aus der gemeinsamen Einsicht, dass die ‚Weltanschauung des Ökonomismus' theoretisch und praktisch fatal ist" (Bommes/Scherr 2012, S. 308). Diese Versuche dienen den nachfolgenden Überlegungen als Ausgangspunkt.

Es ist zwar nicht primäres Ziel dieser Studie, einen solchen Brückenschlag zu entwerfen und bis ins letzte Detail zu elaborieren, um sich aber der Finanzierbarkeit von inklusiven Leistungen in einem kapitalistisch geprägten System zu widmen, ist es notwendig, die theoretische Fundierung über die normative Füllung zu einem Sinnhorizont zu formen, der sich auf das Gesamtsystem auswirkt. Dieser Versuch lehnt sich an unterschiedliche Interpretationen Luhmanns an, möchte aber nicht als bloße Repetition und Neuarrangement bekannter Interpretationen verstanden werden, sondern zu einer Fruchtbarmachung der Theorie der *sozialen Differenzierung* beitragen.

Um die soziologischen Denkfiguren und die sich entwickelten pädagogisch-gesellschaftlichen Inklusionsbegriffe in oben skizzierten Dreiklang von Metatheorie, normativer Ebene und anwendungsbezogener Spezifikation zu bringen, wird im Folgenden mithilfe der Systemtheorie ein theoretisches Grundraster entwickelt, welches anschließend normativ gefüllt wird.

2.2.1 Die Theorie der funktionalen Differenzierung – der theoretische Bezugsrahmen

Die Komplementarität der beiden Begriffe Inklusion und Exklusion wird durch die systemtheoretischen Ausführungen Niklas Luhmanns in der Theorie der funktionalen Differenzierung im Anschluss an Talcott Parson diskutiert (vgl. Winkler 2018, S. 88). Diese wird als besonders geeignet für das Anliegen der vorliegenden Studie identifiziert, da die der Theorie „zugrundeliegende Auffassung des Sozialen als Kommunikation und ihre spezifische theoretische Ausführung die geeigneten Voraussetzungen dafür [bietet, Anm. DK], ein Auseinanderfallen von Gesellschaftstheorie einerseits, empirischen Analysen des Organisations- und Interaktionsgeschehens der Sozialen Arbeit andererseits zu vermeiden und damit die Gesellschaft in ihrer inneren Differenzierung mit einer konsistenten Begrifflichkeit zu analysieren" (Bommes/Scherr 2012, S. 97).

Doch allein bei der Analyse soll es nicht bleiben. Da der Luhmann'sche Entwurf das Verhältnis von Individuen zur Gesellschaft und deren Subsystemen darlegt (vgl. Hopmann 2019, S. 59), sind Anknüpfungspunkte zu identifizieren, die eine normative Füllung zulassen, um schließlich Anwendung auf den Bereich der Hilfen zu Erziehung zu erfahren. Die nach Luhmann wesentlichen Differenzierungsprinzipien gründen für ihn auf der funktionalen Trennung der modernen Gesellschaft in „verschiedenartige, aber nicht hierarchische Teile" (Hopmann 2019, S. 59) wie z. B. Wissenschaft, Politik, Wirtschaft, Erziehung, Religion etc., welche sich als Systeme der Gesellschaft in immer weitere Subsysteme untergliedern und de facto eine nicht abschließbare Fülle sozialer Interaktionssysteme bilden. Diese Systeme bestehen aus „Kommunikation und kommunikativ erzeugtem Sinn" (Bommes/Scherr 2012, S. 105). Kommunikation, so Bommes und Scherr, besteht aus komplexen Elementen, die reziprok „drei Selektionen: Information, Mitteilung und Verstehen verknüpfen" (Bommes/Scherr 2012, S. 106).

Die Einbindung der Individuen in diese Funktionssysteme und deren Subsysteme geschieht durch Kommunikationsprozesse. Diese Prozesse sind zwar konstitutiv für das Entstehen der funktionalen Differenzierung, aber nicht kausal (Bommes/Scherr 2012, S. 108). Vielmehr lässt sich das Verhältnis als emergent beschreiben. Damit ist auch einsichtig, warum die entstehenden Teilsysteme keine abschließende, eindeutig definierbare Entität der Gesellschaft bilden, sondern „die Gesellschaft" immer nur als emergenten Horizont entstehen lassen, der zwar in einer Weise existiert, aber weder aus der Summe der Einzelteile besteht noch abschließend und umfassend beschrieben werden kann (vgl. Luhmann 1997, S. 743 ff). Die Teilsysteme haben ihre je eigenen kommunikativen Codierungen, mit denen sie die Welt kategorisieren und erfassbar machen, was auch das Begriffspaar von Inklusion und Exklusion ins Spiel bringt, wobei Inklusion „die Inanspruchnahme bereitgestellter und erforderlicher Bewusstseinsleistungen in der Kommunikation" (Bommes/Scherr 2012, S. 109) bezeichnet.

Werden Menschen in diesem Zusammenhang für relevant erachtet, werden sie „ansprechbar, zurechnungsfähig, positionierbar oder auch nur thematisierbar" (Nassehi 2004, S. 110), trifft dieser Umstand zu, spricht Luhmann von Inklusion (vgl. Luhmann 2017, S. 77). Dabei sind Individuen in modernen Gesellschaften nicht nur in ein, sondern in viele und vielfältige Funktionssysteme eingebunden und man kann auch von „Mulitiinklusion" (Nassehi 2004, S. 114) sprechen.

„Von der Systemreferenz der Gesellschaft her gesehen, werden nicht ganze Menschen, nicht Individuen in die gesellschaftlichen Teilsysteme inkludiert, sondern lediglich rollen- bzw. inklusionsspezifische Teilaspekte der Person, die dann aus den jeweiligen teilsystemspezifischen Perspektiven als Dividuum erscheint" (Nassehi 2013, S. 10).

Der Unterschied zwischen Inklusion und Exklusion ergibt sich in dieser Lesart Luhmanns dabei aus der Art und Weise, in welcher ein gesellschaftliches Subsystem Individuen erlaubt „Personen zu sein" und folglich an Kommunikationsprozessen teilzunehmen (vgl. Baraldi et al. 2021, S. 105). Zu unterstreichen ist dabei, dass es einen Unterschied zwischen „(Differenzierungs-)*Struktur* und *Semantik*" (Bommes/Scherr 2012, S. 120; *Hervorh. im Original*) gibt. Die semantische Komponente, welche „dabei das kommunikative Formenpotential einer Gesellschaft und die darin gebundenen Erwartungen regelgerechten Handelns und Kommunizierens" (Bommes/Scherr 2012, S. 120) beschreibt, ist im Weiteren das entscheidende Kriterium, wenn der leere Signifikant „Inklusion" inhaltlich bestimmt werden soll.

Das Schema wie Luhmann das Eingebundensein in diese Kommunikationssysteme beschreibt, führt seine Theorie zu einer gewissen Aporie, welche massive Kritik an seiner Konzeption und deren Entwicklung hervorgerufen hat. Dabei stehen zwei Hauptkritikpunkte im Mittelpunkt:

Da ist zunächst das Problem mit den „zwei Exklusionsbegriffen“, welches beispielsweise von Kronauer (2010, S. 122ff.) identifiziert und kritisiert wird. Die Problematik betrifft die beiden Exklusionsbegriffe, die Luhmann im Zuge der Weiterentwicklung seines Systems einführt.

Da steht auf der einen Seite der Exklusionsbegriff, der die Voraussetzung für Individualität ist und Inklusion in Funktionssysteme erst ermöglicht. Auf der anderen Seite steht der Exklusionsbegriff als Antipode des Inklusionsbegriffes, der Ausgeschlossensein aus Organisationen innerhalb von Funktionssystemen beschreibt. Diese Kritik spielt für die weiteren Ausführungen weniger eine Rolle, da die beiden Exklusionsbegriffe auf unterschiedlichen Ebenen (Individuum und Struktur) angesiedelt sind und unterschiedliche Vorgehensweisen bezeichnen (vgl. Nassehi 2013, S. 8).

Das damit einhergehende und für die Tauglichkeit als theoretischer Bezugsrahmen wichtigere ist das „Postulat der *Inklusionsgleichheit* in die Funktionssysteme und die *Faktizität sozialer Ungleichheit*“ (Nassehi 2004, S. 114). Dieses lässt sich allerdings ebenfalls mit Verweis auf die unterschiedlichen Ebenen lösen. Die hinter diesem Postulat stehende Kritik kann so auf den Punkt gebracht werden, dass sich die „Systemtheorie [...] nicht angemessen für die soziale Differenzierung der Gesellschaft in Schichten, Klassen, ökonomische oder lebensrelevante Ungleichheiten“ (Nassehi 2004, S. 110) interessiere.

Einen Lösungsvorschlag unterbreitet Nassehi (vgl. 2004, S. 114), indem er zwei Ebenen analytisch trennt, die Sachdimension und die Sozialdimension (vgl. Nassehi 2004, S. 110). Die Sachdimension bezieht sich auf den Gegenstand der Kommunikation, formuliert den sachlichen Unterschied diverser Differenzierungskategorien und ist somit „darauf angewiesen, unsensibel für *soziale* Unterscheidungen zu sein“ (Nassehi 2004, S. 114). Diese Dimension ist die basale, deskriptive. Die funktionalen Differenzierungen sind darin gleich, dass sie nicht auf andere zurückgeführt werden können und entsprechen somit auch den eingangs genannten Kriterien für eine ontologische Kategorie.

Die Sozialdimension liegt nach Nassehi zur Sachdimension quer (vgl. Nassehi 2004, S. 114). Diese Sozialdimension beschreibt somit die „Zurechnung auf Personen, der Anschlussfähigkeit im Hinblick auf Adressierung und den Einschluss oder Ausschluss bestimmter Personen oder Gruppen“ (Nassehi

2004, S. 110). Die Sachdimension bedingt die Sozialdimension und bringt diese nicht kausal, sondern wiederum emergent hervor.

In der Sachdimension besteht somit ein „Inklusionsuniversalismus, also das Prinzip, das bei Erfüllung der funktionssystemspezifischen Bedingungen jeder" (Bommes/Scherr 2012, S. 132) – und damit jedes Individuum – zu allen Funktionssystemen zugelassen ist. Die Einlösung des Inklusionsindividualismus geschieht auf der sozialen Ebene und kann scheitern, wenn funktionsspezifische Voraussetzungen nicht erfüllt werden. Dieses Verhältnis der beiden Dimensionen ist nun entscheidend für die weiteren Überlegungen.

Aufgrund dieser Aporien des Luhmann'schen Systems und des sich binärer Codes bedienenden Kommunikationsbegriffes, wurde zum einen auf die schon sehr weite Interpretation der Theorie funktionaler Differenzierung durch Nassehi zurückgegriffen, andererseits wird im Folgenden eine eigene Interpretation der Kommunikationsgeschehen vorgeschlagen. Somit wird es schließlich möglich, die entworfene Megatheorie in eine Theorie mittlerer Reichweite (vgl. Merton 1995) zu formen und schließlich für die konkrete Frage der von inklusiven Erziehungshilfen fruchtbar zu machen.

Durch die Einlösung oder Nicht-Einlösung des Inklusionsindividualismus auf Ebene der Sachdimension kann eine Hierarchisierung von Partizipationsmöglichkeiten konstruiert werden, die sich im Grad der Beteiligung an Kommunikationsprozessen unterscheidet und die Dichotomie von Exklusion und Inklusion verlässt sowie eine graduelle Abstufung zulässt. Durch diese analytische Unterscheidung wird der Systemtheorie ein Werkzeug an die Hand gegeben, die es ermöglicht, normative Verstrebungen einzuziehen, um daraus wiederum Koordinaten für eine inklusive Erziehungshilfe abzuleiten. Dabei wird sich eines Begriffes bedient, dessen Verhältnis zur Inklusion oft nicht geklärt ist, und mitunter tautologische Züge aufweist (vgl. Tiedecken 2020, S. 18): die Partizipation.

Um Partizipation an Kommunikationsprozessen darzustellen, wird sich im Folgenden auf die „Partizipationspyramide" im Anschluss an Wright (2010) bezogen. So wird in diesem Modell „echte Partizipation von diversen Vorstufen" (Straßburger/Rieder 2014, S. 17) unterschieden. Die ersten drei Ebenen bilden die Vorstufen der Partizipation: Information, Meinung erheben/einbringen, Sichtweisen einholen (vgl. Straßburger/Rieder 2014, S. 232). Die drei unteren Ebenen der Partizipationspyramide übertragen auf den systemtheoretischen Einbezug in kommunikative Prozesse könnte in der Weise interpretiert werden, dass durch die Organisationen der durch funktionale Differenzierung entstandenen Funktionssysteme Individuen nur einseitig adressieren, sich also monologisch mit ihnen auseinandersetzen. Übertragen auf das Funktionssystem der Hilfen zur Erziehung würde dies bedeuten, dass Adressat*innen zwar insofern inkludiert werden, als dass sie über Maßnahmen informiert werden, ihre Meinung kundtun dürfen und Kritik äußern, aber keine Garantie bekommen, dass ihre Lebensweltexpertise auch gehört wird (vgl. Straßburger/Rieder 2014, S. 232).

Auf dieser Ebene kann man zwar systemtheoretisch schon von Inklusion sprechen, m. E. und in Anlehnung an das Partizipationsmodell nur von einer Vorstufe der Inklusion. Echte Partizipation an Kommunikationsprozessen und damit echte Inklusion ist, die systemtheoretische Brille der Sozialdimension aufgesetzt, nur dann möglich, wenn ein wirkungsvolles reziprokes Kommunikationsgeschehen stattfindet und Individuen als „Dividuen" (Nassehi 2004, S. 114) an den jeweils organisationsbildenden Kommunikationsgeschehen teilnehmen können. Die Stufen der Partizipation beginnen mit der aktiven Mitwirkung an Entscheidungen, der Übernahme von Entscheidungskompetenz und der Befähigung des Individuums selbst zu entscheiden, wie es sich – hier wieder systemtheoretisch gedacht – aktiv in ein Kommunikationsgeschehen einbeziehen kann oder nicht (vgl. Straßburger/Rieder 2014, S. 26 f.).

Da sich die Partizipationspyramide nach Wright auf bürgerschaftliche Partizipation bezieht, identifiziert dieser die letzte Stufe seiner Pyramide als „Zivilgesellschaftliche Eigenaktivität" (vgl. Wrigth 2010). Systemtheoretisch gewendet und auf den Begriff der Inklusion bezogen kann bei der letzten Stufe als höchster Stufe des reziproken Kommunikationsgeschehens von organisationsbildender und organisationsverändernder Reziprozität gesprochen werden. Damit kann auch die oft tautologische Beziehung von Inklusion und Partizipation ein Stück weit präzisiert werden, indem Inklusion als Partizipation an Kommunikationsgeschehen definiert wird. Kommunikationsgeschehen sind dabei nicht nur verbal, sondern allgemein zu beschreiben als Interaktion von Individuen.

Zusammengefasst ist der zugrundeliegende theoretische Rahmen der weiteren Überlegungen ein systemtheoretisch fundierter Entwurf einer „Inklusionspyramide". Die Minimalbedingung der Vorstufe der Inklusion ist die Information, „echte Inklusion" beginnt bei der Mitwirkung an reziproken Kommunikationsgeschehen und die Maximalbedingung von Inklusion ist erfüllt, wenn eine reziproke Organisationsmodulation gegeben ist. Ohne die Minimalbedingung, wenn also kein Informationsfluss vom System an das Individuum gegeben wird, kann man von – mit Brille der Sozialdimension – Exklusion sprechen. Für das Individuum hat das zur Konsequenz, dass es in einigen Funktionssystemen der Gesellschaft einen hohen Grad an Inklusion erreichen kann, in anderen aber exkludiert wird.

Damit wird auch die scharfe und mitunter unpräzise dichotome Sprechweise von Exklusion und Inklusion in ein Kontinuum gewandelt, auf dem Exklusion und Inklusion als Extreme dieser Skala verbunden werden. Es kommt in diesem Modell also nicht zur Auflösung von Kategorien, sind sie doch für ein Weltverständnis unverzichtbar – sondern zu einem Prozess von Kategorisierung und Dekategorisierung in sich gegenseitig beeinflussenden Prozessen.

In einem nächsten Schritt stellt sich die Frage: Wie ist diese Skala normativ zu befüllen? Die konstruierte Inklusionspyramide stellt nun im nächsten Schritt das Bindeglied zwischen der theoretischen Fundierung und der normativen Verstrebung des Inklusionsgedankens dar, die uns an den Beginn der zurückführt und auf die Frage zurückkommt: Welche Gesellschaft, also welches Arrangement an Funktionssystemen ist es, in das Menschen inkludiert werden sollen?

2.2.2 Normative Verstrebungen

„[Der Mensch, Anm. DK] ist […] gleicherweise *autonom* und *interdependent*. Die Autonomie des einzelnen ist um so größer, je mehr er sich seiner Interdependenz mit allen und allem bewußt wird“ (Cohn/Farau 1984, S. 357, Hervorh. im Original).

Dieses Zitat der Begründerin der Themenzentrierten Interaktion, Ruth C. Cohn, führt den Begriff ein, der gleichermaßen als Vehikel und als Gradmesser normativer Verstrebungen der konstruierten Inklusionspyramide dienen kann: die Autonomie.

Deutlich wurde in der soziologischen Grundlegung, dass alle Individuen durch ihre Bezüge in die verschiedenen Kommunikationsweisen der sozialen Funktionssysteme in unterschiedlichem Grad in diese einbezogen werden können. In der Konsequenz bedeutet dies normativ, dass für die Beurteilung des Grades der Inklusion, das Maß an Autonomie in der Entscheidung des Individuums angelegt werden muss, inwieweit dieses an einem

Kommunikationsgeschehen beteiligt wird bzw. sich beteiligen kann. Dabei stellt sich auch immer die Machtfrage danach, wer wann wem ermöglicht sich beteiligen zu können und wann dies verunmöglicht wird.

Für den Prozess der Inklusion in diese Funktionssysteme bedeutet dies schließlich, dass „Inklusion" ein „nicht abschließbarer Prozess ist" (Dederich 2020, S. 530), welcher sich im steten Ringen darum befindet, Kommunikationsprozesse so zu modifizieren, dass alle Menschen dazu in die Lage versetzt werden, sich an diesen zu beteiligen. Daraus leitet sich weiterhin ab, dass die „Identifizierung und Beseitigung von Barrieren" (Dederich 2020, S. 530) als stete Aufgaben an die Organisationen der Funktionssysteme aufgegeben sind. Ziel dieses Prozesses soll schließlich die „Einbeziehung, Teilhabe und Erfolg aller" (Dederich 2020, S. 530) sein, die zu einer Sensibilisierung des Gesamtsystems führt.

Kriterien anhand derer das Individuum identifizieren kann, ob der aktuelle Grad an Partizipation erreicht wird, sind in den unterschiedlichen Funktionssystemen verschieden. So wird im Funktionssystem „Wirtschaft" beispielsweise die Entscheidung eines Individuums zur Aufnahme einer Berufstätigkeit ausschlaggebend sein und inwiefern eine freie Berufswahl möglich ist. Im Bereich „Recht" hingegen ist ausschlaggebend, inwiefern sich Menschen an der Genese von gesetzlichen Veränderungen beteiligen können, die sie in unmittelbarer Konsequenz betreffen.

Dies als Messlatte nehmend sind daraus Maßnahmen abzuleiten, welche allen Individuen ihren Möglichkeiten entsprechend Perspektiven eröffnen, sich ihrer Autonomie zu bemächtigen, ohne dabei die Interdependenz und das Eingebundensein dadurch aufzulösen und damit die Beteiligung anderer Individuen am Kommunikationsgeschehen zu verunmöglichen. Dadurch wird auch deutlich, dass sie in Systeme und Beziehungsmuster eingebunden sind, welche sie abhängig machen von den jeweils anderen Individuen in diesen funktionalen Systemen.

Dieses prozesshafte Auseinandersetzen von Kategorisierung und De-Kategorisierung, von Autonomie und Interdependenz soll im Folgenden auf die Hilfen zur Erziehung Anwendung finden. Die Schwierigkeit, die es dabei zu überwinden gilt, ist – wie Bommes und Scherr bemerkten –, dass „Soziale Arbeit [und die Hilfen zur Erziehung als ein Subsystem dieser, *Anm. DK*] [kein] eigenständiges Funktionssystem" darstellen, sondern dass es sich „um einen Komplex von wohlfahrtsstaatlich ermöglichten Organisationen der Hilfe handelt, die in jeweils spezifischen Fällen Hilfe […] bereit stellen“ (Bommes/Scherr 2010, S. 146).

Doch in dieser Lesart wäre Inklusion in den Hilfen zur Erziehung gar nicht möglich, sondern das Spannungsfeld von Interdependenz und Autonomie würde zeitweilig einseitig zugunsten der Interdependenz aufgelöst und eine expertokratische Sichtweise von sozialstaatlichem Handeln begründet. Dies widerspräche jedoch dem, wie oben Inklusion definiert worden ist.

Im Folgenden sollen die Hilfen zur Erziehung – und das gilt für alle Hilfesysteme – als ein besonderes funktionales Subsystem definiert werden, welches wie kein anderes die Aufgabe hat, Individuen darin zu befähigen, sich ihrer Interdependenz und damit ihrer Autonomie bewusst zu werden, was wiederum die „Inklusion“ in alle funktionalen Systeme der Gesellschaft im vollen Sinne der oben eingeführten Inklusionspyramide meint. Dabei dürfen Differenzkategorien wie Behinderung, Armut, Migrationshintergrund, Geschlecht etc. nur insofern eine Rolle spielen, als dass diese in ihrer dichotomen stigmatisierenden Form überwunden werden müssen. Daran ist alles Handeln in den Erziehungshilfen auszurichten. In Verbindung mit dem eingeführten Inklusionsbegriff würden die Hilfen zur Erziehung damit zu einem Subsystem, welches seine weitestgehende Selbstüberwindung inhäriert; immer bezogen auf die individuellen Potentiale und Ressourcen der am kommunikativen Hilfsgeschehen teilhabenden Individuen.

Das Funktionssystem der Hilfen zur Erziehung ist wiederum in weitere Subsysteme untergliedert, die aufeinander bezogen sind und reziproke interdependente Kommunikationssysteme darstellen. Für die vorliegende Studie werden die vier Subsysteme Recht, Pädagogik, Organisation und Finanzierung definiert, wobei das Subsystem der Finanzierung für eine empirische Studie zugänglich gemacht wird.

2.2.3 Inklusion in den Hilfen zur Erziehung

Die soziologisch fundierten Normierungen des Inklusionsparadigmas sind realpolitisch sowie sozialstaatlich in allen Hilfebereichen – und hier bilden die Erziehungshilfen keine Ausnahme –, in jurisdiktionelles Recht zu gießen. In diesem Sinne ist „Inklusion“ *für das Feld der Kinder- und Jugendhilfe* nichts Neues. Wie dargelegt wird spätestens seit der Ratifizierung der UN-Behindertenrechtskonvention in Deutschland 2009 Inklusion in der Kinder- und Jugendhilfe diskutiert (vgl. Kieslinger/Hollweg 2020, S. 79). Doch auch die

Kinderrechtskonvention der Vereinten Nationen (am 5. April 1992 durch Deutschland ratifiziert) sowie das Grundgesetz der Bundesrepublik Deutschland (Art. 1) verbriefen das Recht auf „Inklusion". Insbesondere in den Bereichen der Frühpädagogik und der Schule ist „Inklusion" schon länger verstärkt in den Fokus fachlicher Diskurse gerückt (vgl. Hopmann 2021, S. 32f.).

Durch die Änderungen in Folge des KJSG – auf die weiter unten noch gesondert eingegangen wird (S. 30f.) – hat die Diskussion um die Umsetzung von Inklusion nochmals neu an Dynamik gewonnen und wird für keine Organisation der Kinder- und Jugendhilfe mehr vermeidbar sein. Dem vorausgegangen war eine gescheiterte Reform im Jahr 2017 und ein sich dieser anschließender umfangreicher Dialogprozess von Fachöffentlichkeit, Wissenschaft und Politik. Unter dem Motto „Mitreden – Mitgestalten"[9] wurde auch um die „inklusive Lösung" der Kinder- und Jugendhilfe gerungen. So sieht die Reform vor, dass die bisher noch getrennten Bereiche der Kinder- und Jugendhilfe und der Eingliederungshilfe für junge Menschen bis 2028 unter einem Dach zusammengeführt werden (vgl. Beckmann/Lohse 2021, S. 3). Auf diese Weise soll das Paradigma der „Inklusion" handlungsleitend in den unterschiedlichen Feldern der Kinder- und Jugendhilfe verankert werden.[10]

Durch die Entstehungsgeschichte des Inklusionsparadigmas (siehe Kapitel 2.1.1) wird „Inklusion" in der öffentlichen Diskussion, ausgehend von der UN-Behindertenrechtskonvention, meist auf Bemühungen bezogen, (junge) Menschen mit und ohne physische, psychische und seelische Beeinträchtigungen oder Sinnesbeeinträchtigungen gemeinsam und gleichberechtigt an bestimmten Aktivitäten oder Angeboten teilhaben zu lassen (vgl. Thieme 2021, S. 58).

Auf Grundlage des oben hergeleiteten normativen Anspruchs an „Inklusion" muss die inhaltliche Füllung jedoch weiter gefasst werden und bedeutet mehr als die Engführung auf die Dichotomie von Behinderung und Nicht-Behinderung. Für die Kinder- und Jugendhilfe und besonders für das Feld der Hilfen zur Erziehung

„meint Inklusion das Wahrnehmen und Anerkennen unterschiedlichster Bedarfe, die aus vielfältigen Lebenskontexten entstehen. Diesen sollte in einer partizipativen Weise entwicklungsfördernd entsprochen werden, um die

---

9 Vgl. hierfür die Dokumentation auf www.mitreden-mitgestalten.de/.

10 Die Reform erfolgt in einem Drei-Stufen-Modell, „das schrittweise auf die ab 2028 vorgesehene einheitliche sachliche Zuständigkeit der Kinder- und Jugendhilfe für alle Kinder unabhängig vom Vorliegen einer Behinderung und unabhängig von der Behinderungsform vorbereitet" (Beckmann/Lohse 2021, S. 7).

Selbstbestimmung der Hilfesuchenden und Anspruchsberechtigten zu unterstützen. Den Kinderschutz als Maxime gilt es Gefahren für ein gelingendes Heranwachsen abzuwehren, gleichzeitig aber die Eltern und Personensorgeberechtigen in den Prozess mit einzubeziehen. Inklusion als teilhabeermöglichendes Paradigma hat bezogen auf erzieherische Hilfen immer abzuwägen zwischen hochspezialisierten Angeboten und sozialräumlicher Perspektive; wobei der Wille des Hilfesuchenden oberste Priorität hat." (Kieslinger 2021a, S. 145).

Dies bedeutet, dass alle Konzepte, sei es die Beteiligung von Eltern im Hilfeprozess, die Partizipation junger Menschen im Heimalltag oder das Eingehen auf individuelle Bedarfe und Bedürfnisse, stets subjektzentriert und am Willen des Hilfesuchenden ausgerichtet sein müssen. Auf den oben konstruierten Begriff der Inklusion angewandt bedeutet dies schließlich, dass „eine kompensatorische Ausrichtung [der Erziehungshilfen, *Anm. DK*] zu überwinden und die Selbstbestimmung junger Menschen in den sozialen Teilhabeformen für alle jungen Menschen diskriminierungsfrei zu ermöglichen" (Schröer 2021, S. 354) ist.

Die radikale Subjektzentrierung in den Hilfen zur Erziehung unterstreicht nochmals die in Kapitel 2.2.2 eingezogenen normativen Verstrebungen im Anschluss an Ruth C. Cohn. So bedeutet es nicht, dass mit einem höheren Maß an Autonomie das Spannungsverhältnis von Interdependenz und Autonomie einseitig in Richtung der Autonomie aufgelöst würde, sondern dass sich die Bewusstwerdung dieses Verhältnisses auch in Form von lebenslangen Unterstützungsformen entfalten kann. Wichtig ist dabei jedoch die „Qualität der Unterstützungsbeziehungen und Hilfen […], in denen Sozialisationsprozesse und das persönliche Leben stattfinden und das Alltagsleben organisiert wird – ja, Selbstbestimmung grundsätzlich erst durch die Qualität der sozialen Beziehungen und Strukturen in den sozialen Teilhabeformen diskriminierungsfrei ermöglicht werden kann" (Schröer 2021, S. 356).

Diese Auslegung des inklusiven Paradigmas verlangt nicht nur eine Veränderung in der pädagogischen Haltung, sondern hat auch Rückwirkungen auf die Organisationsstruktur sowie infolgedessen auf die Finanzierungsstruktur der funktionalen Subsysteme und somit des Subsystems Hilfen zur Erziehung. Ehe auf diese beiden Bereiche detaillierter eingegangen wird, soll sich mit den Änderungen durch die Reform des KJSG und den daraus abzuleitenden Konsequenzen für eine inklusive Erziehungshilfe auseinandergesetzt werden.

2.3 Die Umsetzung von Inklusion im Kinder- und Jugendstärkungsgesetz (KJSG)

Wurde im zurückliegenden Abschnitt aus der soziologischen Grundlegung und den normativen Verstrebungen ein Inklusionsbegriff für die Erziehungshilfen hergeleitet, gilt es nun zu betrachten, wie sich die normativen Leitplanken in den gesetzlichen Normierungen wiederfinden.

Im Anschluss an die UN-Behindertenrechtskonvention formuliert bereits der 13. Kinder- und Jugendbericht der Bundesregierung die Zielperspektive für die Hilfen zur Erziehung:
„Insofern sind alle Maßnahmen an einer Inklusionsperspektive auszurichten, die keine Aussonderung akzeptiert. Gender-, Sprach-, Status- und Segregationsbarrieren sind abzubauen und die Lebenslagen von Kindern und Jugendlichen mit Behinderung sind in allen Planungs- und Entscheidungsprozessen zu berücksichtigen (disability mainstreaming)“ (BMFSFJ 2009, S. 40).

In diesem Kontext ist es außerdem aufschlussreich, dass der Bericht Inklusion nicht nur auf Exklusionsmechanismen in Folge von Behinderung bezieht, sondern ganz im Sinne des oben definierten Inklusionsverständnisses „Teilhabe“ als Begriff einführt, der auf unterschiedliche Exklusionsphänomene Anwendung findet. So wird pointiert, dass „[d]ies [...] die Folgen von Arbeitslosigkeit und Armut für den gesellschaftlichen Zusammenhalt ein[bezieht, aber ebenso, *Anm. DK*] Gesundheitssysteme, Bildungschancen und die Freizeitgestaltung ohne Barrieren bei Behinderung“ (BMFSFJ 2009, S. 48) meint.

Nach der gescheiterten Reform des SGB VIII in den Jahren 2016/17 wurde 2021 – über zehn Jahre nach den programmatischen Analysen des Kinder- und Jugendberichtes der Bundesregierung – das Gesetz zur Stärkung von Kindern und Jugendlichen (KJSG) beschlossen. Seit der Verkündung am 9. Juni 2021 ist das Gesetz, welches dem SGB VIII konstatiert „in seinen Grundsätzen und seiner Zielrichtung bereits inklusiv“ (BMFSFJ 2020, S. 2) zu sein, in Kraft und hat sich als Perspektive „Hilfen aus einer Hand für Kinder mit und ohne Behinderungen“ (BMFSFJ 2020, S. 2) auf die Fahnen geschrieben.

Tatsächlich erweitert das KJSG den Auftrag der Kinder- und Jugendhilfe im § 1 Abs 3 Nr. 2 SGB VIII um die Kategorie der Teilhabe mit der Konkretisierung des Ziels „der Erziehung um das Merkmal ‚selbstbestimmt‘“ (Wiesner

2022, S. 35). Diese war zuvor nicht in dieser Deutlichkeit benannt worden und stellt damit klar, dass es nicht „nur“ um die Förderung von Entwicklung und Erziehung (vgl. § 1 Abs. 1 SGB VIII) gehe, sondern um die Teilhabe von jungen Menschen „entsprechend ihrem Alter und ihrer individuellen Fähigkeiten in allen sie betreffenden Lebensbereichen“ (§ 1 Abs 3 Nr. 2 SGB VIII). In Verbindung mit der ebenso neu eingeführten Kategorie der Selbstbestimmung in § 1 Abs. 1 SGB VIII wird für die Kinder- und Jugendhilfe nochmals unterstrichen, dass die Subjektzentrierung und Förderung junger Menschen zu autonomen Subjekten deren Aufgabenbeschreibung umfasst.[11]

Was den Begriff der Teilhabe betrifft, der in der Eingliederungshilfe[12] schon seit einigen Jahren selbstverständlich genutzt wird, steht die Kinder- und Jugendhilfe und damit auch die Erziehungshilfen vor der Herausforderung, diesen Terminus inhaltlich zu füllen und in die fachpolitische Debatte über dessen Signifikanz zu gehen (vgl. AGJ 2018, S. 1).

Dass Teilhabe dabei mehr meint, als einfach nur einen „Nachteilsausgleich bei Behinderung“ (AGJ 2018, S. 2) wird in der Verbindung mit § 9 SGB VIII deutlich: In diesem heißt es, dass „bei der Ausgestaltung der Leistungen und der Erfüllung der Aufgaben [...] die unterschiedlichen Lebenslagen von Mädchen, Jungen sowie transidenten, nichtbinären und intergeschlechtlichen jungen Menschen zu berücksichtigen, Benachteiligungen abzubauen und die Gleichberechtigung der Geschlechter zu fördern“ sind (§ 9 Abs 3 SGB VIII). Und weiter, dass „die gleichwertige Teilhabe von jungen Menschen mit und ohne Behinderungen umzusetzen und vorhandene Barrieren abzubauen“ sind (§ (§ 9 Abs 3 SGB VIII). Diese „Änderung ist eines der Elemente, zur Umsetzung der inklusiven Lösung“ (Wiesner 2022, S. 187) und trägt damit bei, einen weiten Inklusionsbegriff in der Kinder- und Jugendhilfe zu implementieren.

Zwar ist in der Gesetzesbegründung zu lesen, dass mit „dieser programmatischen Vorgabe keine Leistungsausweitung verbunden“ (Drucksache 5/13 2020, S. 65) ist, jedoch ist die Begründung darin klar, mit dieser Regelung zu verdeutlichen,

---

11 Kunkel sieht in Wiesner (2022, S. 36) allerdings keine zusätzliche qualitative Dimension in der benannten Änderung. Er argumentiert, dass lediglich das Kernziel der Kinder- und Jugendhilfe redundant wiederholt wird.

12 Bis zur Reform des SGB VIII durch das KJSG war der Begriff der Teilhabe lediglich im Kontext des § 35a SGB VIII genannt.

„dass der Auftrag der Kinder- und Jugendhilfe auch darin besteht, allen jungen Menschen – unabhängig vom Vorliegen von Behinderungen und unabhängig von Kultur, Geschlecht, Nationalität, Herkunft und sozialem Hintergrund – gleichberechtigte Teilhabe am Leben in der Gesellschaft zu ermöglichen oder zu erleichtern. Teilhabe wird dabei als Möglichkeit zu einer dem Alter und den individuellen Fähigkeiten entsprechenden selbstbestimmten Interaktion in allen junge Menschen betreffenden Lebensbereichen verstanden. Als dynamischer Prozess verändert sich Teilhabe je nach Alter und individuellen Fähigkeiten des jungen Menschen sowohl in Bezug auf die für diesen relevanten Lebensbereiche als auch im Hinblick auf seine Möglichkeiten der Interaktion und die Art und Weise ihrer Wahrnehmung. Es ist damit auch Auftrag der Kinder- und Jugendhilfe, dieser Dynamik Rechnung zu tragen" (BT Drucksache 5/13 2020, S. 65).

Aus meiner Sicht wird darin deutlich, dass das autonomen Subjekt, das sowohl der obigen Interpretation der soziologischen Theorie sowie den normativen Verstrebungen als Bedingung der Möglichkeit für Inklusion zugrunde gelegt wurde, einerseits Adressat der Kinder- und Jugendhilfe wie auch andererseits Ziel des Hilfesystems ist. Für die Hilfen zur Erziehung ist dabei besonders zu unterstreichen, dass Teilhabe und somit Inklusion „in erster Linie durch die Schaffung von Zugängen" (AGJ 2018, S. 3) ermöglicht werden; die Inanspruchnahme dieser Zugänge schlussendlich jedoch der „Selbstbestimmung der Einzelnen überlassen [ist] – sie können, müssen diese aber nicht nutzen" (AGJ 2018, S. 3).

In diesem Kontext ist auch nochmal zu unterstreichen, dass mit der Anpassung des § 7 an den Behinderungsbegriff des § 2 SGB IX und damit an die UN-Behindertenrechtskonvention, Behinderung keine wesentlich persönliche Eigenschaft ist, sondern aufgrund der Wechselwirkungen von individueller Beeinträchtigung, einstellungs- sowie umweltbedingten Barrieren entsteht (vgl. § 7 Abs 2).[13]

Dieser kursorische Blick über die Begriffsbestimmungen zeigt deutlich, dass zumindest intentional ein breiter Inklusionsbegriff als Basis des KJSG angenommen werden kann. Zwar ist auch eine Engführung auf die Differenzkategorie der Behinderung an der einen oder anderen Stelle zu konstatieren, was

13 Der moderne Behinderungsbegriff gilt allerdings nicht für den § 35a SGB VIII, was einer Aushebelung dieses Behinderungsverständnisses gleichkommt und bereits vor dem KJSG einen Auslegungsstreit hervorgerufen hat (vgl. AGJ 2021, S. 10f.). So konstatiert auch Wapler in seinem Kommentar zum SGB VIII, dass es unbefriedigend bleibt, „wenn in dem Gesetz mit unterschiedlichen Behinderungsbegriffen gearbeitet wird" (Wiesner 2022, S. 99).

allerdings in zitierter Gesetzesbegründung wieder auf die diversen Formen von Exklusion und damit auf unterschiedlichste Inklusionsbemühungen ausgeweitet wird.

Für die Anwendung in der Praxis und damit auch auf die Gestaltung von Angeboten wird diese begriffliche Grundlegung besonders deutlich in der Begriffstrias „verständlich, nachvollziehbar, wahrnehmbar" ausgeführt. So wird die Kommunikation auf Augenhöhe in verschiedenen Angebotsformen der Kinder- und Jugendhilfe vor allem aber in den Erziehungshilfen programmatisch verankert. Im Bereich von Beratung und Beteiligung (§§ 8 Abs. 4, 10a Abs. 1 SGB VIII) ebenso wie beim Schlüsselprozess der Erziehungshilfe, der Hilfeplanung in § 36 Abs. 1 S. 2 SGB VIII und der für junge Menschen besonders belastenden Situation der Inobhutnahme (§ 42 Abs. 3 SGB VIII) wird normiert, dass die Form der Kommunikation verständlich, nachvollziehbar und wahrnehmbar gestaltet werden muss. Auch hier ist es nochmal hilfreich die Gesetzesbegründung heranzuziehen. Diese erläutert bspw. zu § 10a, dass „[d]em SGB VIII [...] ein Verständnis von Kinder- und Jugendhilfe als sozialer Dienstleistung zugrunde [liegt, *Anm. DK*], die sich an der Subjektstellung der Leistungsberechtigten und -empfänger orientiert und für die das Gestaltungsprinzip der Partizipation [...] konstitutiv ist" (BT Drucksache 5/13 2020, S. 80).

Diese normativen Regelungen der Kommunikationserleichterung stehen in hoher Resonanz zu dem, was in der soziologischen Grundlegung als Bedingung der Möglichkeit für Inklusion definiert worden ist: Partizipation an Kommunikationsgeschehen.

In den kommenden Jahren der Umsetzung der skizzierten Normierungen wird sich die Konkretion in der sozialpädagogischen Praxis somit an der beschriebenen Begriffstrias messen lassen.

Neben der dargelegten Konkretion des Inklusionsparadigmas auf individueller Ebene entfaltet sich der dargestellte Normierungsprozess des KJSG auch auf institutioneller sowie struktureller Ebene. Exemplarisch dafür ist der § 79a SGB VIII. Hier wird für die Qualitätsentwicklung in der Kinder- und Jugendhilfe explizit die „inklusive Ausrichtung der Aufgabenwahrnehmung und die Berücksichtigung der spezifischen Bedürfnisse von jungen Menschen mit Behinderungen" (§ 79a Abs. 2 SGB VIII) benannt. Die genannte Formulierung – in der eines der wenigen Male in dieser Gesetzesreform das Wort „inklusiv" genutzt wird – zeigt, wie notwendig es in den nächsten Jahren sein wird, das Paradigma der Inklusion für die Hilfen zur Erziehung und die gesamte Kinder- und Jugendhilfe auszubuchstabieren und zu konkretisieren. Die Gesetzesbegründung liefert nur schwache Hinweise auf die UN-Behindertenrechtskonvention und überlässt die Verhältnisbestimmung von „inklusiver Ausrichtung" und „junge Menschen mit Behinderungen" dem interpretatorischen Geschick von Praxis und Juristerei (vgl. BT Drucksache 5/13 2020, S. 119).[14]

Für die vorliegende Studie ist besonders der Querverweis auf den § 78b SGB VIII hervorzuheben, der nun dezidiert vorsieht, dass bei Abschluss der Vereinbarungen nach demselben auch die Merkmale nach 79b SGB VIII berücksichtigt werden müssen, sprich inklusiv auszurichten sind. In Verbindung mit dem neu gefassten § 80 Abs. 2 Nr. 2 öffnet sich hier eine Tür hin zur inklusiven Weiterentwicklung der Kinder- und Jugendhilfe, über welchen sich öffentliche wie freie Träger im Rahmen bestehender Strukturen und Mittel verständigen müssen.

Mit diesem Blick auf die Möglichkeiten inklusiver Ausrichtung der Jugendhilfeplanung in § 80 endet der kursorische Überblick über die Änderungen der SGB VIII-Reform. Sicherlich gäbe es weitere, spannende Diskussionsebenen, die sich entlang der Novellierungen durch das KJSG ergeben. Zu denken wäre an die Rolle der Verfahrenslots*innen (§ 10b), die viel kritisierte Status-Quo-Klausel in § 107 oder die Kombination von Leistungen in § 27 Abs. 2.

Als Fazit lässt sich sodann feststellen, dass sich das unter Kapitel 2.2.3 entwickelte inklusive Paradigma der Hilfen zur Erziehung in den normierten Änderungen im SGB VIII wiederfinden lässt. Für die Finanzierung von Leistungen hat dies zur Konsequenz, dass sich in der Praxis besonders im Bereich des § 78b in Folge der Änderungen von § 79b die Anpassung an das inklusive Paradigma sowohl pädagogisch als auch organisational wiederfinden muss.

Vor dem Hintergrund der in den Begriffsbestimmungen gezeichneten Subjektzentrierung mit dem autonomen Subjekt als Adressat*in und Ziel der Hilfeleistungen der Erziehungshilfen sind schließlich auch die Refinanzierungslogiken dahingehend zu hinterfragen, inwiefern sie zwischen dem Interesse des Einzelnen und den Interessen der Gesellschaft vermitteln

14 Erste Ansätze des Ausdeutens durch die juristische Praxis deutet Schön in Wiesner 2022, S. 1751 an, indem er die Ergänzung in Satz 2 als einen „umfassenden Inklusionsansatz" beschreibt.

können. Dazu muss strukturell die ebenfalls am inklusiven Paradigma ausgerichtete Jugendhilfeplanung als infrastrukturelles Werkzeug weiterentwickelt werden, die

„nicht nur ein methodisches Vorgehen zur bedarfsgerechten Gestaltung von sozialer Infrastruktur [darstellt, Anm. DK]. Sie ist gleichzeitig auch ein oft konfliktreiches jugendhilfepolitisches Ringen um die Gestaltung eines sozialen Feldes, in dem es zwischen den beteiligten Akteuren um die Durchsetzung von Deutungsmustern und Interessen, um Beibehaltung oder Veränderung von Kräfteverhältnissen geht." (Herrmann 2018, S. 1050)

2.4 Inklusion – Konsequenzen für die pädagogische Praxis

Inklusive Pädagogik wird seit einigen Jahren besonders im Bereich schulischer Bildung und dem Elementarbereich diskutiert (vgl. Hopmann 2021, S. 32). Dabei haben sich unterschiedliche Ansätze, die besonders auf Handlungskonzepte inklusiver Pädagogik fokussieren, herausgebildet (vgl. Heimlich 2019, S. 148). Diese „entstehen immer dann, wenn die konkreten pädagogischen Tätigkeiten im Sinne von Förderung, Begleitung, Beratung und Unterstützung in einen systematisch begründeten Zusammenhang von Zielen, Inhalten, Methoden und Organisationsformen gestellt sind" (Heimlich 2019, S. 149).

Im Folgenden soll die Blickrichtung umgekehrt, nämlich nach den Grundbedingungen inklusiver Sozialpädagogik[15] gefragt werden, die den konkreten Handlungsmodellen vorausgehen. Dabei wird versucht Winkler zu widersprechen, der in der Verknüpfung von Inklusion und Sozialpädagogik einen Kategorienfehler entdecken will und Inklusion als einen nicht-pädagogischen Begriff fasst (vgl. Winkler 2018, S. 51). Für dieses Vorhaben gilt es, die Spannungen, die im Begriffspaar „Inklusive Sozialpädagogik" liegen, aufzudecken und miteinander derart zu moderieren, dass eine Synthese entsteht, auf der sich die weiteren Schritte dieser Studie aufbauen lassen. Ziel dieses Abschnittes ist es somit aus den Überlegungen zu den Grundkonstanten inklusiver Sozialpädagogik Anforderungen an die Refinanzierung inklusiver Leistungen zu formulieren, die immer mit dem Fokus der Hilfen zur Erziehung zu denken sind.

---

15 Im Folgenden wird immer von Sozialpädagogik gesprochen und nicht allgemein von Pädagogik, um den Unterschied zur auf Bildung fokussierten schulischen Pädagogik deutlich zu machen.

2.4.1 Balanceakt zwischen bestehenden Strukturen und innovativen Lösungen

So ist zunächst mit Boban zu konstatieren, dass „Inklusion anzustreben innerhalb der vorhandenen, auf Selektion basierenden Strukturen immer erfordern [wird, *Anm. DK*], pragmatisch nach Lösungen zu suchen und Balanceakte miteinander zu vollführen" (Boban et al. 2013, S. 75).

In diesem Sinne steht sozialpädagogische Praxis immer im konfliktreichen Austarieren zwischen „fachlich erkannten Notwendigkeiten, strukturell-finanziellen Restriktionen und gesellschaftlich-sozialstaatlichem Auftrag" (Kieslinger 2021, S. 143). Für die Entwicklung einer inklusiven Sozialpädagogik für die Erziehungshilfen, die sich im Sinne der oben definierten, normativen Verstrebungen verstehen und den Interpretationsspielraum der gesetzlichen Normierungen ausnutzen wollen, bedeutet dies ein „dynamisches Verständnis" (vgl. Graßhoff 2021, S. 175) von Passung der angebotenen Hilfearrangements, der Bedarfe und Bedürfnissen der Adressat*innen und der gesellschaftlichen Anforderungen. Im Sinne der oben skizzierten Subjektzentrierung einer inklusiven Erziehungshilfe, die den Willen und das Potential der Adressat*innen radikal ernst nimmt, muss auch die Sozialpädagogik in diesem Kontext vom Subjekt aus denkend konstruiert werden (vgl. Graßhoff 2021, S. 175). Dabei wird deutlich, dass hier auch eine, wie in der soziologischen Grundlegung dargestellte Reziprozität zwischen adressierender Institution und adressiertem Subjekt angenommen wird, die „wechselseitig miteinander verwoben" (Graßhoff 2021, S. 176) sind.

Für eine inklusive Sozialpädagogik im Sinne der „Krisenbearbeitung von Strukturproblemen" (Graßhoff 2021, S. 177) gilt es daher die Adressierung der jungen Menschen immer individuell zu betrachten und fallspezifisch passende Hilfearrangements zu entwickeln.

Für die weiteren Überlegungen sollen aus den dargestellten Überlegungen somit vier Grundhaltungen inklusiver Sozialpädagogik definiert werden, um den Horizont inklusiver Leistungserbringung im Bereich der Erziehungshilfen zu bilden. Davon lassen sich die konkreten Anforderungen an die sozialpädagogische Praxis ableiten, welche gemeinsam die Ausgangsbasis für inklusive Leistungen darstellen:

(1) *Adressat*innenorientierung*: Der junge Mensch ist Expert*in für seine*ihre eigene Situation
(2) *Subjektzentrierung*: Individuelle Bedarfs- und Bedürfnislagen benötigen individuelle Hilfearrangements

(3) *Partizipation*: Die Hilfearrangements müssen unter größtmöglicher Beteiligung der Adressat*innen und deren Zugehörigen entwickelt und ständig reflexionsfähig gehalten werden
(4) *Verwobensein von Autonomie und Interdependenz*: Ziel ist die größtmögliche Autonomie des jungen Menschen in gleichzeitigem Gewahrsein der Abhängigkeit von seiner Umwelt.

Diese vier Dimensionen einer Grundhaltung inklusiver Pädagogik bilden im Folgenden die Hintergrundfolie, vor der die praktischen Auswirkungen auf eine inklusive Leistungserbringung entfaltet werden. Dazu werden diese anhand von drei Themen- und Konfliktfeldern der aktuellen Debatte im Kontext der Hilfen zur Erziehung expliziert und in konkrete Anforderungen an eine inklusive Leistungserbringung gegossen, die in Kapitel 4 Ausgangspunkt für die Hypothesenbildung der empirischen Untersuchung darstellen:
(1) Engführung der Inklusionspädagogik auf die Differenzkategorie der Behinderung
(2) Das Spannungsverhältnis zwischen *diagnostischen Verfahren* und *Aushandlung* im Hilfeprozess
(3) Konzeptentwicklung zwischen Ausschlusskriterien, Wahlfreiheit[16] und Generalisierung

Diese drei Themen- und Konfliktfelder stehen exemplarisch für unterschiedliche Diskurse in den Hilfen zur Erziehung und dem gesamten Feld der Kinder- und Jugendhilfe und sind weder als vollständig noch umfassend zu betrachten. Dennoch bilden sie m. E. einen guten Ausgangspunkt für die weiteren Überlegungen der vorliegenden Studie.

2.4.2 Engführung der Inklusionspädagogik auf die Kategorie der Behinderung

Wie schon bei der Analyse des Kinder- und Jugendstärkungsgesetzes dargelegt, wird in der Diskussion um Inklusion in der Kinder- und Jugendhilfe zumeist auf die Differenzkategorie der Behinderung abgezielt (vgl. Hopmann 2019, S. 24 ff.). Diese Engführung prägt auch die Debatte darum, wie sich

16 Bei der Wahlfreiheit wird sich auf den in § 5 SGB VIII normierten Anspruch bezogen, welcher den Leistungsberechtigten „das Recht, zwischen Einrichtungen und Diensten verschiedener Träger zu wählen" zuspricht und die Möglichkeit eröffnet, „Wünsche hinsichtlich der Gestaltung der Hilfe zu äußern" (§ 5 Abs. 1 SGB VIII).

die Praxis der Hilfen zur Erziehung durch das inklusive Paradigma verändern werden und welche Konsequenzen dies für den pädagogischen Alltag haben wird.

Hollweg et al. 2021 legen beispielsweise in der breit angelegten Mitarbeitendenbefragung *InkluMa* offen, dass besonders unter den Beschäftigten der Erziehungshilfen das Bild inklusiver Sozialpädagogik davon geprägt ist, mit welchen Beeinträchtigungen von jungen Menschen in Zukunft zu rechnen und wie diesen zu begegnen ist (vgl. Hollweg et al 2021). Nachdem oben bereits dargelegt worden ist, dass Inklusion für die Hilfen zur Erziehung viel mehr meint als diese Verkürzung, ist zunächst zu unterstreichen, dass in systemtheoretischer Perspektive Behinderung[17] als eine Kategorie zu sehen ist, die vor allem aufgrund der „erzwungenen Ausdifferenzierung nach Leistung“ (Hopmann 2019, S. 37) in Folge des schulischen Funktionssystems entsteht. Aus dieser Sicht folgt, dass sich Behinderung nur durch kommunikative Prozesse entwickelt und nicht wesentliche Eigenschaft eines Menschen, sondern Produkt gesellschaftlicher Konvention ist (vgl. Dederich 2009, S. 24). Behinderung ist folglich eine Kategorie, die sich aufgrund systemimmanenter Prozesse bildet und für die Betroffenen negative Folgen, d. h. den Ausschluss von Kommunikationsgeschehen nach sich zieht (vgl. Dederich 2009, S. 28). Folglich ist die Engführung in der sozialpädagogischen Praxis auf geistige, körperliche, seelische oder Sinnesbeeinträchtigungen nur ein Ausschnitt dessen, was als Behinderung gelten kann. Der systemtheoretischen Sicht zu Folge ist damit auch Armut, Migrationshintergrund etc. als eine mögliche Form der Behinderung zu sehen, die Menschen in der Teilhabe an gesellschaftlichen Kommunikationsgeschehen einschränkt.

In der öffentlichen und gesellschaftlichen Wahrnehmung wird der Begriff der Behinderung durch das Bundesteilhabegesetz (BTHG) normiert und geprägt. Hinter dieses kommen auch die Hilfen zur Erziehung nicht ohne Weiteres zurück.

Durch das BTHG und die Normierung des Behinderungsbegriffs in § 2 SGB IX bekam die *International Classification of Functioning, Disability and Health* (ICF) besonderes Gewicht. Daraus folgend hat sich in der fachlichen Diskussion vor allem dessen Philosophie des Bio-Psycho-Sozialen Modells der Behinderung durchgesetzt. Die ICF als „Teil der WHO-Familie von

---

17 Behinderung ist eine Kategorie, welche in vielen unterschiedlichen Interpretationen gefasst werden kann. Die Auswahl beschränkt sich in dieser Studie auf die aus der strukturtheoretischen Grundlegung abzuleitenden Interpretation des Behinderungsbegriffs und dem Bio-Psycho-Sozialen Modell des ICF.

Kategoriensystemen zur Beschreibung gesundheitsrelevanter Aspekte" (Klein 2021, S. 215) ist stark medizinisch geprägt und erhält dadurch einen defizitorientierten Einschlag, der trotz aller gegensätzlicher Meinungen dieses Modell prägt (vgl. Hopmann et al. 2019, S. 203).

Nach diesem kann sich eine Behinderung „somit immer auf bis zu drei Bereiche auswirken, nämlich als *a) impairment, b) activity limitation* oder *c) participation restriction*" (Hopmann 2019, S. 49). Das Bio-Psycho-Soziale Modell bezieht immer auch umweltbedingte Faktoren mit ein und setzt diese in Beziehung zu den individuellen Faktoren einer zugrundeliegenden biologischen Beeinträchtigung sowie dem subjektiven Umgang mit dieser. Aufgrund seiner Entstehung im medizinischen Kontext läuft die Anwendung des Bio-Psycho-Sozialen Modells stets Gefahr „letztlich die gesellschaftliche Vorstellung von Behinderung als Negativpol einer dichotom strukturierten Normalität" (Hopmann 2019, S. 49) zu reproduzieren und andere Exklusionsmechanismen außer Acht zu lassen.

Blendet man nun die beiden Sichtweisen auf Behinderung zusammen und stellt sie in den Kontext der unter Kapitel 2.2.3 gefassten Definition von Inklusion für die Hilfen zur Erziehung, ergibt sich aus dem skizzierten Problem der Engführung inklusiver Sozialpädagogik auf den Umgang mit der Differenzkategorie der Behinderung die Aufgabe für ebendiese, dass es in der Praxis zunächst einer hohen Aufmerksamkeit und eines ganzheitlichen Blickes auf den*die Adressat*in bedarf. Damit wird Inklusion nicht nur für junge Menschen mit Beeinträchtigungen verwirklicht, sondern für alle in gleichem Maße die autonome Teilhabe an allen Kommunikationsgeschehen der Gesellschaft ermöglicht. Dabei kann diese Expertise nicht auf wenige Professionen der Sozialen Arbeit bzw. der Sozialpädagogik begrenzt werden, sondern setzt eine vernetzte multiprofessionelle und interdisziplinäre Zusammenarbeit voraus, um unterschiedliche Exklusionsmechanismen erkennen zu können und diese gemeinsam mit den Adressat*innen der Hilfsangebote zu bearbeiten. Denn „[p]ädagogisch sinnvoll und gezielt auf etwas einzugehen setzt voraus, dieses als etwas wahrzunehmen und zu erkennen" (Dederich 2015, S. 30).

Die erste Folge der konsequenten Anwendung des Inklusionsparadigmas ergibt sich im Hinblick auf das Personal in sozialpädagogischen Settings, woraus sich eine bedarfsgerechte Anwendung des § 72 SGB VIII ableitet. Dies würde für die Praxis der Leistungserbringung eine Flexibilisierung des Fachkräftegebotes vor allem für freie Träger, aber auch für öffentliche Träger bedeuten. Nach juristischer Perspektive ist dies zumindest für die freien Träger der Kinder- und Jugendhilfe ohne weiteres möglich, da es nur für die öffentliche Jugendhilfe direkt zutrifft (vgl. Kepert 2020, S. 24). So ist „[e]ine generelle Aussage zur ‚Fachkraft in der Jugendhilfe' nicht möglich" (Kepert 2021, S. 24) und multi- und interprofessionelle Teams sind im Bereich des Umsetzbaren. Welche Professionen dies im Einzelnen sind – ob medizinisch, heilpädagogisch, sonderpädagogisch, therapeutisch, etc. –, lässt sich im Vorhinein nicht festlegen, da es individuellen Bedarfslagen individuell zu begegnen gilt.

2.4.3 Das Spannungsverhältnis von diagnostischen Verfahren und Aushandlung im Hilfeprozess

„Um sozialpolitisch bearbeitbar zu werden, müssen subjektive Mangeldefinitionen in bedarfsbezogene Leistungskategorien übersetzt werden, die dann wiederum als Nachfrage nach Gütern und Dienstleistungen wirksam werden" (Halfar 2017, S. 80).

Das Spannungsverhältnis von diagnostischen Verfahren und der Aushandlungspraxis hängt unmittelbar mit der unter Kapitel 2.4.1 beschriebenen Ausweitung der Ansprüche an die in der Kinder- und Jugendhilfe Tätigen zusammen: Aufgrund der daraus folgenden Komplexitätdiversifizierung und der steigenden fachlichen Anforderung gilt es auch die in der Sozialpädagogik seit längerem bestehende Debatte zwischen Aushandlung und Diagnose bestehende Spannung erneut in den Blick zu nehmen (vgl. Hopmann et al. 2019, S. 203). Die, wie Halfar in obigem Zitat beschreibt, notwendige Kategorisierung von individuell erlebten Bedarfslagen ist Bedingung der Möglichkeit, um diese auch in einem sozialstaatlichen Kontext bearbeiten zu können. Durch die Ausdehnung der Komplexität von Bedarfslagen wird daher auch der Anspruch an die Kategorisierungsinstrumente höher: Sie müssen exakter den Bedarf des Einzelnen in seiner Interdependenz zum Gesamtsystem erfassen können, um daraus passende Hilfearrangements zu konstruieren, die stetig reflektiert und auf die aktuelle Situation angepasst werden müssen.

Die Eingliederungshilfe nach dem SGB XII bzw. nach der Reform durch das BTHG im SGB IX hat eine lange Praxis der Bedarfsermittlung und -festlegung, die klar als Verfahrenselement abgrenzbar ist (vgl. Molnar 2021, S. 129). In der Zusammenschau der in Frage stehenden Leistungen macht Molnar drei verschiedene Modi der Bedarfsermittlung aus: Die Erziehungshilfen praktizieren einen „multiperspektivisch und kommunikativ angelegte[n]

Prozess", während die Eingliederungshilfe nach § 35a SGB VIII ein „geteiltes Entscheidungs- und Begründungsrecht" (Molnar 2021, S. 129) zugrunde legt. Der Eingliederungshilfe nach SGB XII, nun nach dem SGB IX, hingegen ist von einem „weitgehend exklusiven Deutungs- und Kategorisierungsrecht externer Expert*innen" (Molnar 2021, S. 129 f.) geprägt. Ob und wie sich diese Herangehensweise durch die Personenzentrierung des BTHG ändern wird, lässt sich zum jetzigen Zeitpunkt der Umsetzung (die bis zum Jahr 2023 abgeschlossen sein soll) noch nicht sagen.[18]

Im Kontext inklusiver Hilfen steht somit zunächst die Frage nach der Verwendung diagnostischer Instrumente im Hilfeplanverfahren und dem Zueinander von Gesamtplan- und Teilhabeplanverfahren im Zentrum einer gemeinsamen Leistungserbringung. Wie bereits oben angesprochen, wird die Eingliederungshilfe auf die durch das BTHG normierte ICF festgelegt (vgl. § 118 SGB IX). Auch in der Kinder- und Jugendhilfe werden in der Entwicklung solcher Instrumentarien „große Erwartungen" (Hopmann et al. 2019, S. 203) in die ICF gesetzt.

Bei der Eingliederungshilfe nach § 35a SGB VIII wird diese Spannung bereits jetzt schon deutlich. Das Zusammenbringen von medizinischen Gutachten, die nach der *Internationalen statistischen Klassifikation der Krankheiten und verwandter Gesundheitsprobleme* (ICD) von einer medizinischen Profession angefertigt die „Abweichung der seelischen Gesundheit" (§ 35a Abs. 1a) feststellen sollen und der sozialpädagogischen Diagnostik, welche einen erziehungshilfebedarf identifizieren sollen, stellt die Fachkräfte in den Jugendämtern und freien Trägern bereits jetzt vor große Herausforderungen (vgl. Hopmann et al. 2019, S. 203 f.).

In der Praxis hat sich dieses Klassifikationssystem, welches ausdrücklich kein Assessmentinstrument darstellt, nachweislich in individuellen Hilfesettings nicht bewährt (vgl. Hopmann et al. 2019, S. 203). Zur Verwendung des ICF gibt es auch positive Stimmen, welche dieses Modell als eine bessere Basis für die Bedarfsermittlung ansehen als beispielsweise das rein auf Defizite abzielende ICD 10.

18 Rohrmann und Ohme (2021, S. 172) stellen fest: „In der Eingliederungshilfe wurde eine Neufassung der rechtlichen Definition der Leistungsberechtigung bis 2023 zurückgestellt. Voraussetzung ist bis dahin weiterhin das Vorliegen einer ‚wesentlichen Behinderung' (§ 99 SGB IX in Verbindung mit § 53 Abs. 1 und 2 SGB XII und den §§ 1 bis 3 der Eingliederungshilfe-Verordnung der am 31. Dezember 2019 geltenden Fassung)".

Im Gegensatz dazu setzt die in der vor 30 Jahren durch das KJHG eingeführte Hilfeplanung in § 36 SGB VIII vor allem darauf, als Schlüsselprozess der Erziehungshilfen dialogisch mit den Adressat*innen der Hilfe den weiteren Verlauf des Hilfeprozesses auszuhandeln und zu beraten (vgl. Schrapper 2018, S. 1029). Ziel dieses Prozesses ist die Verbindung von „fachlich begründeten Einschätzungen und Positionen“ (Ader 2021b, S. 245), die als entscheidenden Vorgang Fallverstehen und sozialpädagogische Diagnostik miteinander verbinden (vgl. Ader 2021b, S. 245). Neben den zusätzlichen Herausforderungen, welche eine inklusive Kinder- und Jugendhilfe mit sich bringt, deutet das Existieren „zu wenige[r] klar erkennbare[r], nach innen wie außen konsequent gelebte[r] Konzepte für Fallverstehen und Diagnostik, die aufzeigen, wie die Jugendhilfe auf nachvollziehbaren Wegen und mit fachlich fundierten Methoden zu begründeten Bewertungen kommt“ (Ader 2021a, S. 227) auf einen weiteren Bedarf der Weiterentwicklung inklusiver sozialpädagogischer Praxis hin.

Durch die SGB VIII-Reform sind die unterschiedlichen Planungsprozesse der Teilhabe-, Gesamt-, und Hilfeplanung enger aneinander gerückt und machen wie dargelegt eine „qualifizierte sozialpädagogische[...] Diagnostik für *alle* Kinder und Jugendlichen mit ihren sehr unterschiedlichen Bedarfen an Hilfe, Unterstützung und Teilhabe im Rahmen einer inklusiven Jugendhilfe“ (Ader 2021a, S. 227, Hervorh. im Original) notwendig. Explizit geschieht diese engere Verzahnung in der Ermöglichung der Teilnahme der Jugendämter an der Gesamt- und Teilhabeplanung (§§ 19 und 117 SGB IX bzw. § 10 a Abs. 3 SGB VIII), sowie bei der Beseitigung von Schnittstellen beim Übergang von einem Jugendhilfe- zu einem Eingliederungshilfeträger (vgl. § 36 b SGB VIII).

In der derzeitigen Praxis der Leistungserbringung von Eingliederungshilfe für junge Menschen einerseits und Erziehungshilfen andererseits, sind vor allem unterschiedliche Herangehensweisen im jeweiligen Anspruch und der handlungsleitenden Prinzipien zu konstatieren. So stellt Ader fest:

„Wesentliche Unterschiede zeigen sich vor allem im Gegenstand der fallanalytischen Arbeit bzw. dem Auftrag, in den je spezifischen Planungsphilosophien, den entwickelten Routinen der Praxis sowie den genutzten methodischen Instrumenten“ (Ader 2021a, S. 242).

Die individuellen Bedarfs- und Bedürfnislagen, welche „immer gekennzeichnet sind durch mehrdeutige Verhältnisse und subjektiv jeweils berechtigte Wirklichkeitsdeutungen“ (Ader 2021b, S. 264), erfahren durch die inklusive

Ausgestaltung der Kinder- und Jugendhilfe eine „erhebliche Komplexitätsausweitung (Merchel 2021, S. 130) sowohl in den öffentlichen als auch in den freien Trägern.

Um dieser Komplexitätsausweitung zu begegnen, kann es nicht „die eine Lösung" geben. Es gilt daher einerseits an bewährten Praktiken festzuhalten, die sich sowohl in der Bedarfsermittlung im Bereich der Eingliederungs- bzw. sogenannten Behindertenhilfe als auch der sozialpädagogisch-prozesshaft angelegten Hilfeplanung in den Erziehungshilfen etabliert haben. Andererseits braucht es auch eine neue Kombination und Weiterentwicklung dieser Verfahren damit diese „auf die neuen Anforderungen ausgerichtet und somit systematisch weiterentwickelt werden" (Merchel 2021, S. 133) können. Die Internationale Gesellschaft für erzieherische Hilfen (IGfH) benennt dabei vier Elemente auf Seiten der Erziehungshilfen, die sich bewährt haben und auch m. E. als Stellschrauben für eine inklusive Ausrichtung des sozialpädagogisch-diagnostischen Prozesskomplexes benannt werden können (im Folgenden zitiert nach IGFH 2020, S. 12):

- „Kollegiale Fallberatung als Teil des sozialpädagogischen Fallverstehens,
- Beteiligung der Hilfeadressat*innen (differenziert nach Kind/Jugendlichem und Eltern/-teile)
- kontinuierliche Beobachtung und Überprüfung der Angemessenheit der Hypothesen und der Effekte des gewählten Hilfe-Arrangements sowie der darin eingebundenen Ziel-Übereinkünfte
- Einbezug relevanter Dritter: um durch ergänzende fachliche Urteile anderer Fachstellen und durch eine Einbindung wichtiger lebensweltlicher Akteur*innen ein differenziertes und für die Lebenswelt der jungen Menschen passendes Hilfe-Arrangement gestalten zu können."

Für die Praxis bedeutet dies jedoch medizinische, sozialpädagogische, psychologische, behinderungsspezifische und weitere diagnostische Verfahren und Verstehensprozesse, die durch die Beteiligung des gesamten Familiensystems erhebliche Komplexität erhalten, zusammenzubringen, zu vermitteln und ein gemeinsames Fallverstehen zu entwickeln. Die Chance besteht darin, dass durch das BTHG auch das Feld der Eingliederungshilfe neu auf die Elemente der subjektzentrierten Adressat*innenorientierung (vgl. Rohrmann 2021, S. 53) und der partizipativ ausgerichteten Bedarfsermittlung reagieren muss.

Bereits jetzt zeigt sich allerdings, dass im Kontext der Umsetzung des BTHG die unterschiedlichen Blickwinkel auf die Lebensphase Kindheit und Jugend zu Kontroversen und Spannungen führen, die entlang „fachlichem Anspruch und ökonomischen Interessen sowie in der konkreten Umsetzung zwischen Leistungsträgern und Leistungsanbietern" (Ader 2021a, S. 241) entstehen.

Die größte Herausforderung liegt dabei darin die vornehmlich dialogisch und prozessual ausgerichteten Instrumente und Methoden der Kinder- und Jugendhilfe sowie die eher diagnostisch-standardisierten Instrumente der Eingliederungshilfe so zu amalgamieren, dass ein merklicher Gewinn für die Adressat*innen entsteht (vgl. Ader 2021a, S. 244).

Für das Erkennen, Bearbeiten und Begleiten komplexer individueller Bedarfs- und Bedürfnislagen von jungen Menschen in einer inklusiven Kinder- und Jugendhilfe und besonders in den Hilfen zur Erziehung gilt es für die sozialpädagogische Praxis insbesondere vier Grundbedingungen, auf welchen die konkreten Methoden und Konzepte der Leistungserbringung aufzubauen sind, zu berücksichtigen:
Erstens sind die Ausgangssituationen der Adressat*innen individuell derart verschieden, dass es „keine eindeutige Zuordnung von Ursachen und Wirkungen" (Ader 2021b, S. 246) geben kann. Die Interdependenz der unterschiedlichen Bedarfs- und Bedürfnislagen der Adressat*innen sollte neben Instrumenten der Bedarfsermittlung ebenso systemisch ausgerichtete Fallverstehensprozesse einbeziehen, welche die Bedarfslagen nicht auf einfache kausale Zusammenhänge reduzieren. Damit einher geht der zweite Punkt: Wenn keine eindeutige Zuordnung von Ursache und Wirkung vorhanden ist, gibt es auch kein eindeutiges kausales Verhältnis von Problem und Lösung (vgl. Ader 2021b, S. 246).

Geht man mit dieser Einstellung in einen Begleitungsprozess, dann stellt sich die dritte Einsicht beinahe automatisch ein: Erkannte Konstellationen und Zusammenhänge haben immer Hypothesencharakter und nur eine limitierte „Aussagefähigkeit [...] für zukünftige Entscheidungen" (Ader 2021b, S. 246). Die vierte Grundbedingung baut auf der radikalen Subjektzentrierung einer inklusiven Kinder- und Jugendhilfe auf: Junge Menschen sind Expert*innen für deren eigene Situation und Ziel des Hilfeprozesses ist die Aufdeckung von Interdependenzen und autonomen Entscheidungsräumen. So ist die vierte Grundbedingung eine Frage des eigenen Professionsethos: professionelle Handlungen, Interventionen und Hilfestellungen haben begrenzten „Einfluss auf das Ergebnis" (Ader 2021b, S. 246). Damit soll aber nicht die

Verantwortung für die Adressat*innen im Hilfeprozess auf diese abgewälzt werden; es bedarf immer eines genauen Abwägens, welche Grenzen professionelles Handeln hat und wie die Handelnden mit diesen Grenzen umgehen.

Stellt man diese Grundhaltungen einer inklusiven Sozialpädagogik vor die oben definierten Parameter der Inklusion in den Hilfen zur Erziehung, wird deutlich, dass sich die Konstruktion einer Leistung durch die Hilfeplanung nicht nur darin erschöpfen kann, dass eine Ausweitung der Leistungen auf die Differenzkategorie der Behinderung stattfindet. Es muss der Teilhabeaspekt der Adressat*innen in den Mittelpunkt gerückt werden, der sich wesentlich an der Partizipation dieser am Hilfegeschehen zu messen hat (vgl. Molnar 2021, S. 150). Außerdem ist eine Verständigung über die individuellen adressat*innengerechten Bedarfe nur partizipativ möglich (vgl. Hopmann et al. 2020, S. 345).

Blickt man nun mit dieser Brille auf die dargestellten Modi der Bedarfsklärung, „werden [beide Hilfesysteme, *Anm. DK*] den Ansprüchen von Inklusion und eines inklusiven Verfahrens, das grundlegend partizipativ gestaltet werden muss, nicht gerecht“ (Molnar 2021, S. 150).

Die zweite Konsequenz des inklusiven Paradigmas betrifft somit den Prozess zur Ermittlung des Hilfearrangements. Dieser muss so konstruiert werden, dass die Bedarfe der Adressat*innen unter gleichberechtigter Beteiligung derselben in einer konzertierten Abstimmung der diversen Fachkräfte so erfasst werden, dass sie in individuell passende und das Gesamtsystem des* der Adressat*in berücksichtigende Hilfeform münden. Dazu ist das interdisziplinäre Entwickeln von Fallverstehen und Diagnostik notwendig.

„Eine so verstandene partizipative Verständigung über individuelle Bedarfe und Hilfen stellt kein lineares und ausschließlich legitimatorisches Geschehen dar, sondern wird als Unterstützung der Subjektbildung in den Sozialisationsprozessen von Kindern und Jugendlichen entwickelt und gestaltet“ (Hopmann et al. 2020, S. 345).

Um den dann erkannten Hilfebedarf sozialpädagogisch, therapeutisch oder anderweitig zu bearbeiten, ist die Restrukturierung der Angebotsstruktur notwendig, in denen die Fachkräfte diese Aufgaben wahrnehmen können.

2.4.4 Konzeptentwicklung – Ausschlusskriterien, Wahlfreiheit und Generalisierung

„Zur Deckung dieser erzieherischen, medizinischen, pflegerischen und sozialen Teilhabebedarfe hat sich in Deutschland ein hoch differenziertes Unterstützungs- und Hilfesystem entwickelt, im Rahmen dessen nicht nur unterschiedliche Leistungsträger zuständig sind, sondern sich auch bei den Leistungserbringern eine nach Leistungsbereichen und Professionalität sehr ausdifferenzierte Angebotsstruktur entwickelt hat" (Schönecker et al. 2021, S. 16).

Aus der Benennung von Bedarfen folgt das dritte Konfliktfeld von Inklusion in den Hilfen zur Erziehung: Die individuellen Bedarfslagen machen es notwendig, ein differenziertes Angebotsspektrum abzuleiten, das einerseits die Bedarfe und Bedürfnisse der Adressat*innen so adäquat wie möglich abbildet, andererseits die Wahlfreiheit derselben wahr und ernst nimmt (vgl. Schönecker et al. 2021, S. 16). Im Folgenden wird vor allem auf die stationären Angebote der Hilfen zur Erziehung abgezielt. Die abzuleitenden Anforderungen an eine inklusive Konzeption sind jedoch auch auf andere Angebotsformen der Hilfen zur Erziehung übertragbar.

Die daraus folgende thematische Auseinandersetzung, die vereinfachend oft mit dem Schlagwort „Spezialisierung und Generalisierung" bzw. „Spezialisierung versus niederschwellige Hilfen" benannt wird, ist seit einigen Jahren und zuletzt wieder durch das von der Internationalen Gesellschaft für erzieherische Hilfen (IGFH) durchgeführte Projekt „Zukunftsforum Heimerziehung" auf dem Tapet verschiedener Kontroversen.

Dazu kommt die Problematik, dass es in diesem Kontext wenige empirische Untersuchungen gibt, welche das dynamische Leistungsspektrum der Hilfen zu Erziehung erfassen. Jüngst versuchen dies die Expertisen im Rahmen des „Zukunftsforum Heimerziehung" (vgl. Tabel 2020; Pluto et al. 2021, S. 14 f.). Bereits 2013 konstatiert Peters, dass beim Blick auf die Entwicklungen in den Hilfen zur Erziehung „eine zunehmende Spezialisierung der Hilfen sowohl im ambulanten als auch im stationären Bereich auf[fällt]" (Peters 2013, S. 151).

Auf der einen Seite kann die Spezialisierung und Ausdifferenzierung von Angeboten dazu führen, dass es nicht nur zu einer „strukturellen Ausklammerung weiterer Bedarfe (z. B. außerfamiliäre Unterbringung intensivpflegebedürftiger Kinder ohne pädagogische Betreuungsanteile) [kommt, *Anm.*

DK], sondern [...] nicht selten auch unmittelbar mit der einer Inklusion deutlich widersprechenden Zusammenführung von Personengruppen mit ähnlichen Bedarfen in Spezialeinrichtungen verbunden" (Schönecker et al. 2021, S. 16) ist.

Andererseits – so Schönecker et al. 2021, S. 16 weiter – meint Spezialisierung auch nicht, dass alle Angebote heterogene Konzepte verfolgen müssen, was ebenso dem oben formulierten inklusiven Paradigma widersprechen würde. Es bedarf – und das wurde unter Kapitel 2.4.3 implizit deutlich – individueller Hilfearrangements, welche einerseits die Wahlfreiheit der Adressat*innen unterstützen andererseits „Diversität im Wohnangebot ermöglichen" (Schönecker et al. 2021, S. 16).

Auf konzeptioneller Ebene haben sich diese Einsichten auf zwei Ebenen auszuwirken: Zum einen sind inklusive Konzeptionen so zu strukturieren, dass sie nicht rein auf ein Problem fixiert sind, sondern eine multiprofessionelle Bearbeitung der komplexen Bedarfslagen erkennen und zulassen. Zum anderen sind die gesetzlichen Vorgaben und Konzeptionselemente zu beachten und inklusiv weiterzuentwickeln.

Einer inklusiven Konzeption in den Hilfen zur Erziehung muss es gelingen die Strukturen des Leistungsanbieters sowie den geplanten Prozess zu beschreiben. Dabei müssen deutlich die Faktoren benannt werden, welche im Laufe des Hilfeprozesses wirksam werden sollen, um die verschiedenen Elemente des Leistungsspektrums so zu arrangieren, dass sie die Bedarfe des jungen Menschen abdecken können. Als Grundlage der Leistungs-, Entgelt-, und Qualitätsvereinbarungen (§§ 78 a ff. für stationäre und nach dem KJSG § 77 SGB VIII für ambulante Angebote der Hilfen zur Erziehung verpflichtend) stellt die Konzeption eine Zusammenstellung der Begründungszusammenhänge in einem Angebot her. Zentral werden dabei vier Ziele verfolgt: (1) Darstellung der besonderen Anforderungsprofile, (2) Erläuterung der Maßnahmen, (3) Grundhaltung der Einrichtung, (4) Struktur der Leistungserbringung.[19]

Die Ausgestaltung von Konzeptionen liegt zunächst in der Verantwortung des freien Trägers und muss sich nur an den zur Erteilung einer Betriebserlaubnis zu erfüllenden Mindeststandards orientieren.

---

19 Diese Reihenfolge findet sich in vielen Konzeptionen wieder, die der Autor im Rahmen seiner beruflichen Tätigkeit vorgelegt bekam, vgl. bspw. auch Landesjugendamt RLP o. J.

Als Soll-Elemente, die einer inklusiven Ausgestaltung im Konkreten bedürfen, nennt der Gesetzgeber eine ganze Reihe an Vorgaben: Beteiligung (§§ 8; 45 Abs. 2, Nr. 3; 36 Abs. 2 SGB VIII), Beschwerdemanagement (§ 45 Abs. 2, Nr. 3 SGB VIII), Kinderrechte, (§ 45 Abs 2, Nr. 3 SGB VIII), Sexualpädagogik (§ 45 SGB VIII), Gewaltschutzkonzept (§ 45 SGB VIII, §§ 8a; 79a SGB VIII, § 37a SGB IX), Kindeswohlgefährdung (§ 8a SGB VIII), Gesundheitsprävention (§ 45 Abs. 2, Nr. 2 SGB VII), Medienpädagogik (§ 14 SGB VIII), Sozialdatenschutz (§§ 61 ff. SGB VIII; BDSG; DSGVO), Qualitätsmanagement (§§ 45 Abs. 3, Nr. 1; 79a SGB VIII).

Diese Vorgaben wurden durch das KJSG zum Teil verschärft und es kamen neue Elemente hinzu. So zum Beispiel das Beschwerdemanagement oder das Schutzkonzept unter Berücksichtigung der Belange von jungen Menschen mit Behinderungen. Als wesentliches Qualitätsmerkmal – wie bereits oben dargelegt – wurde dabei die inklusive Ausrichtung der Angebote normiert.

Leitet man nun aus den genannten Punkten die Anforderungen an ein inklusives Konzept ab, können m. E. folgende Kernpunkte benannt werden, die sich wiederum in der auf die Konzeption aufbauende Leistungsbeschreibung wiederfinden sollten:

- Die Ziele des Angebotes sollten so definiert werden, dass Sie nachvollziehbar die Leistungserbringung abbilden, jedoch nicht von vornherein Ausschlusskriterien für bestimmte Zielgruppen manifestieren.
- Die gesetzlichen Soll-Vorschriften müssen in den Konzeptionen des Angebotes derart aufgegriffen werden, dass sie den unter Kapitel 2.2.3 definierten Kriterien des inklusiven Paradigmas für die Hilfen zur Erziehung entsprechen.
- Die personelle Ausstattung ist so zu gestalten, dass flexibel auf unterschiedliche Bedarfe reagiert werden kann.
- Die Vernetzung in den Sozialraum und zu anderen Trägern muss sicher gestellt sein, um gegebenenfalls das Hilfespektrum zu erweitern.
- Die Qualitätssicherung von Angeboten muss durch eine Überprüfbarkeit der Arbeitsergebnisse gewährleistet werden, deren Ziele sich nur in einem Dialog von Fachkräften und Adressat*innen bestimmen lassen.

Um dem sozialpädagogischen Leitziel der Herstellung der Fähigkeit am Leben in der Gemeinschaft teilzunehmen und teilzuhaben, sprich der Autonomie unter Bewusstwerdung der individuellen Interdependenzen gerecht zu werden, ist auch mit in Betracht zu ziehen, inwieweit sich die Adressat*innen an der Konzeptionsentwicklung beteiligen können und dies sogar vor dem Hintergrund des inklusiven Gedankens müssten.

Für die sozialpädagogische Leistungserbringung leitet sich damit die Anforderung ab, dass sich die Entwicklung von flexiblen Konzeptionen etablieren muss, um auf der einen Seite eine Öffnung zu erwirken, andererseits dennoch nicht auf Spezialisierungen zu verzichten, um weder die Adressat*innen in ihrem Wunsch- und Wahlrecht zu beschneiden, noch um die Fachkräfte durch unüberschaubare Komplexitätsausweitung zu überfordern (vgl. Merchel 2021, S. 127).

Die dritte Folge für die sozialpädagogische Praxis spielt sich somit auf konzeptioneller Ebene ab: Das inklusive Paradigma fordert von den Konzeptionen sozialpädagogischer Leistungserbringung eine Differenzierung bei gleichzeitigem Aufrechterhalten von Stabilität und qualitativ hochwertiger fachlicher Arbeit. Ausgangslage sind dabei die oben skizzierten rechtlichen Leitplanken, die das novellierte SGB VIII vorgibt, sowie fachliche Standards unterschiedlicher Professionen.

Den skizzierten Anforderungen in einer konkreten Angebots- und Einrichtungskonzeption gerecht zu werden, um diese vergleichbar und somit auch finanzierbar zu machen, ist Aufgabe einer organisationalen Restrukturierung. Auf die Bearbeitung dieser strukturellen Herausforderung soll in einem weiteren Schritt eingegangen werden.

2.5 Reinventing all inclusive – organisationale Konsequenzen

„Auf organisationaler wie pädagogischer Ebene bedeutet das konstruierte und ausformulierte inklusive Paradigma, dass nicht nur innerhalb bestehender Strukturen ein Sonderbereich zu schaffen ist, sondern dass Strukturen (gesellschaftlich, institutionell und in der praktischen Umsetzung), der ‚realen Vielfalt […] von vornherein besser gerecht werden'" (Aichele 2008, S. 12).

Durch steigende inhaltliche Anforderungen an zu entwickelnde Konzepte und die in der Erziehungshilfe Tätigen werden auch die Ansprüche an organisationale Strukturen erhöht und verändert, da die „Bewältigung komplexer Anforderungen mit Entscheidungen von hoher Bedeutung für die

Adressat*innen nicht vornehmlich den Individuen als Aufgabe zugewiesen werden“ (Merchel 2021, S. 127) kann.

So stellt die Gesetzesänderung, und die mit ihr einhergehende Disruption des bisherigen Systems eine „Irritation“ für die etablierten Strukturen der Erziehungshilfen dar, auf welche durch Veränderungsprozesse und Innovation reagiert werden sollte. Ziel dieser Strukturänderung ist die bessere Komplexitätsbewältigung. Dabei kann Komplexität nicht unterkomplex bearbeitet werden; anders würde man weder den Adressat*innen noch den professionell Tätigen in der Kinder- und Jugendhilfe gerecht werden.

Die Bewältigung der oben skizzierten Aufgabenerweiterung und -vertiefung ist nicht nur Verpflichtung der öffentlichen Träger der Jugendhilfe oder der freien Träger allein: In gemeinsamer Verantwortung muss für die jungen Menschen ein Gesamtstrukturprozess angestoßen werden, der alle Sozialleistungs- und Rehabilitationsträger mit einbezieht (vgl. Fritz/Kraus 2021, S. 307). Was es dabei zu vermeiden gilt, ist die Schaffung von neuen, der Qualität der Leistungserbringung abträglichen Schnittstellenproblematiken.

Operativ kann dies nur auf Ebene der kommunalen Steuerungsverantwortung der öffentlichen Träger angesiedelt werden, die mit den Mitteln der Jugendhilfeplanung (§ 80 SGB VIII), dem Jugendhilfeausschuss sowie der Arbeitsgemeinschaft nach § 78 SGB VIII, das Heft des Handelns in den Händen halten (vgl. Herrmann 2016, S. 1045). Ein erster Impuls ist durch die oben skizzierte Aufnahme des Wortes „inklusiv“ in den § 80 SGB VIII gesetzt, welcher der Jugendhilfeplanung die Pflicht zur Auseinander- und Umsetzung dieses Paradigmas ins Stammbuch schreibt.

Eine Umstrukturierung der Hilfelandschaft spielt sich somit auf zwei Ebenen ab: 1. Der strukturell supraorganisationalen Ebene und 2. auf der organisational-institutionellen Ebene der einzelnen Träger.

Auf der supraorganisationalen Ebene gilt es die eben genannten Instrumente inklusiv auszugestalten und als „Ermöglichungsraum struktureller Reflexivität“ (Kieslinger 2021b, S. 283) zu nutzen, um die auf organisational-institutioneller Ebene erkannten Veränderungsbedarfe gemeinsam zu bearbeiten. Dabei müssen auch die Adressat*innen in den gesamten Prozess mit einbezogen werden, was durch das KJSG zumindest formal durch § 4a SGB VIII (Selbstorganisierte Zusammenschlüsse zur Selbstvertretung) normiert wurde.

Organisational-institutionell gilt es die mit dem inklusiven Paradigma einhergehenden Werte aufzunehmen sowie zu übersetzen, um die in der pädagogischen Haltung formulierten Subjektzentrierung in Strukturen gießen zu können. Zentral ist dabei die Anerkennung der individuellen Potentiale sowohl der Mitarbeitenden als auch der Adressat*innen. Autonomie und Selbstbestimmung wahrnehmend, entwicklungsfördernd und unterstützend (vgl. Schönecker et al. 2021, S. 35) sind organisationale Strukturen zu schaffen, welche diese Potentialentfaltung ermöglichen und in konzeptionelle Rahmen gießen; was aus den oben formulierten Überlegungen bereits deutlich wurde. Dies kann – so die hier verfolgte These – mit einer konsequenten Umstrukturierung der in der Sozialwirtschaft vorherrschenden hierarchischen Organisationsstruktur gelingen.

Unterstützt wird diese These durch die Antworten einer Organisation, die einen Irritationsimpuls wie den des inklusiven Paradigmas aufnimmt. Durch unterschiedliche Reaktionsmuster zeigt sich deren Wandlungsfähigkeit. So zeigt Merchel die Notwendigkeit des Wandels anhand der Anforderungen an den Allgemeinen Sozialen Dienst (ASD) auf, der sich besonders durch die „inklusive Hilfeplanung als Anforderung der Komplexitätsausweitung“ (Merchel 2021, S. 133) darstellt und sich zwischen „radikaler Transformation“ und „vorausschauender Selbsterneuerung“ bewegt“ (ebd.). Das Schema des Wandels, das Merchel dabei im Anschluss an Reith und Wimmer 2014 konstruiert, steht in hoher Resonanz zu der revolutionären Kraft, die oben dem inklusiven Paradigma unterstellt wurde. Folgendem Schema ist zu entnehmen, dass es drei unterschiedliche Reaktionsmechanismen auf Irritationsimpulse gibt: 1. eine kontinuierliche Evolution und unbewusste Eingriffe in die Entwicklung, 2. Veränderungen innerhalb bestehender Strukturen sowie 3. eine grundlegende Neuausrichtung die simultan auf mehreren Ebenen geschieht. Das inklusive Paradigma verbindet dabei eine vorausschauende Selbsterneuerung mit einer radikalen Transformation. Da es bei der Umsetzung des inklusiven Paradigmas – wie eingangs bereits zitiert – nicht „darum [geht, *Anm. DK*], innerhalb bestehender Strukturen Raum zu schaffen (…), sondern [diese, *Anm. DK*] so zu gestalten […], dass sie der realen Vielfalt […] von vorneherein besser gerecht werden (Aichele 2008, S. 12).

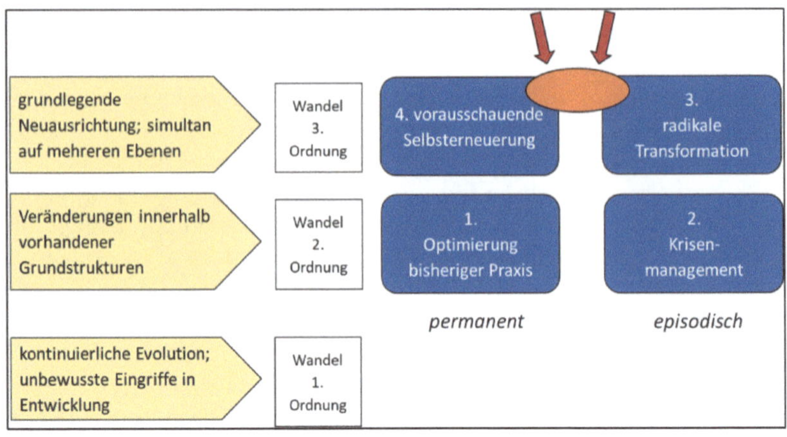

Abbildung 1: Typen organisationalen Wandels aus Merchel 2021, S. 131.

Als organisationale Folge schließt Merchel dabei für den ASD „[e]in Vertrauen auf Selbstorganisationsprozesse in der Aufgabenbewältigung in dezentralen Organisationseinheiten (unterschiedliche ASD-Teams)" als „sachlich und organisational unangemessen" aus, da es für ihn „in eine dezentrale Zufälligkeit einmünden würde" (Merchel 2021, S. 130). Für seine Zukunftsvision für einen ASD benutzt er das Bild eines lebendigen Gebildes, „in dem individuelle psychische Systeme sich an ein soziales System der Kommunikation und Entscheidungen in unterschiedlichen Modalitäten ankoppeln und es durch eigene Impulse mitgestalten. Steuerung [...] bedeutet, durch das reflektierte Hineingeben anschlussoptionaler Impulse die Selbststeuerungsaktivitäten des Systems anzuregen und zu fördern sowie diese wiederum zu bündeln, zu koordinieren, in den Ergebnissen miteinander abzugleichen, um zum einen das Ziel der Veränderungsprozesse nicht aus den Augen zu verlieren und zum anderen den Zusammenhalt in der Organisation zu wahren und die Organisation nicht in verschiedenartige emergente Prozesse („autonome Teams") auseinanderfallen zu lassen" (Merchel 2021, S. 134).

Diese Beschreibung ist m. E. ebenso auf die organisationalen Herausforderungen bei den freien Trägern der Erziehungshilfen zutreffend und anwendbar. In der Konsequenz unterläuft Merchel allerdings ein logischer Widerspruch, den es aufzudecken und zu bearbeiten gilt: Selbstorganisierte, oder wie Merchel es nennt „autonome" Teams, haben nichts von einer Beliebigkeit, sondern arbeiten in fest definierten, spezialisierten, aber dennoch flexiblen Rollenzuschreibungen (vgl. Oestereich/Schröder 2020, S. 134). Dies führt nicht zu einer Willkürlichkeit, sondern zu einer hohen Flexibilisierung der Leistungserbringung bei gleichzeitiger Beziehungskontinuität von Fachkraft und Adressat*innen.

Als Reflexionsfläche und argumentative Unterstützung dieser These kann dabei der aus der Organisationsentwicklung stammende Ansatz von Frederic Laloux dienen. Dieser beschreibt mit den Farben Rot, Bernstein, Orange, Grün und Petrol[20] verschiedene Modelle organisationaler Zusammenschlüsse. Angelehnt an die Bewusstseinsstufen der menschlichen Entwicklung von Ken Wilber nutzt Laloux organische Bilder als Metapher für Organisationen, um sie nach deren innerer Struktur auf verschieden „Bewusstseinsstufen" anzusiedeln (vgl. Laloux 2015, S. 13).

Um sich ein Bild dieses Blickes auf Organisationen zu machen, wird im Folgenden kurz die Theorie von Laluox skizziert, um anschließend Folgen für die organisationale Entwicklung in den freien und öffentlichen Trägern der Kinder- und Jugendhilfe mit spezifischem Blick auf die stationären Erziehungshilfen abzuleiten.

Laloux geht in seiner Theorie davon aus, dass sich die Menschheit in Sprüngen entwickelt, was bedeutet, dass nicht nur Individuen, sondern die ganze Gesellschaft und damit auch Organisationen in verschiedene Stadien der Entwicklung unterschiedliche Eigenschaften aufweisen (vgl. Laloux 2015, S. 37 ff.). Die erste organisationale Ebene beschreibt er als tribal und verbindet sie mit der Farbe Rot. Diese impulsiven Organisationen werden durch Angst und Gefolgschaftstreue zum Chef*zur Chefin zusammengehalten (vgl. Laloux 2015, S. 15). Durch Top-down-Autorität und Arbeitsteilung können diese Organisationen gut in chaotischen Umgebungen agieren. Beispiele sind kleine Unternehmen mit einer*m patriarchalen Chef*in oder die Mafia (vgl. Laloux 2016, S. 21).

In der nächsten Stufe bilden sich klare Rangordnungen aus, Prozesse werden wiederholbar definiert, stabile Organigramme ordnen die Ausführung von Aufgaben und definieren die Rangordnung personenunabhängig. Diese konformistischen „bernsteinfarbenen" Organisationen arbeiten hervorragend in stabilen, nicht veränderlichen Umgebungen und können nur schwer mit Irritationen von außen umgehen (vgl. Laloux 2015, S. 17 ff.).

20 Er bedient sich auch der Farben Infrarot und Magenta, die er allerdings nicht mit heute noch vorfindlichen Organisationsstrukturen in Verbindung bringt (vgl. Laloux 2015, S. 14 f.).

Als aktuelle Beispiele solcher Organisationen führt Laloux religiöse Institutionen, Armeen oder Behörden an (Laloux 2016, S. 23). M. E. sind auch die etablierten Wohlfahrtsverbände – mindestens die konfessionell geprägten – überwiegend auf dieser Stufe zu verorten.[21]

Im Erreichen der nächsten, der orangen Stufe hält das Bild der Maschine Einzug als Metapher für Organisationen. In der leistungsorientierten Perspektive wird Innovation der Treiber für Gewinn und Steigerung von Marktanteilen (vgl. Laloux 2015, S. 23). Erreicht werden soll dies durch verlässliche Managementmethoden, die nach Kennzahlen und Kontrollmechanismen funktionieren und möglichst effizient und effektiv der Zielerreichung dienen sollen. Das Leistungsprinzip ist der Kern dieser Organisationen (vgl. Laloux 2015, S. 24). Als Beispiele führt Laloux global agierende Unternehmen an, die er sinnbildlich mit der Wallstreet illustriert (vgl. Laloux 2015, S. 36).

Aus dem Schatten dieser organisationalen Weltsicht – welche die Welt in eine globale Klima- und Umweltkrise gestürzt hat – entwickelt sich in der nächsten Stufe die postmoderne und pluralistische Weltsicht. Organisationen werden als Familien gesehen, welche zum Ziel haben deren Mitarbeitenden zu befähigen, Hierarchien abzubauen, eine werteorientierte Kultur zu etablieren und Verantwortung jenseits maximierter Gewinne gegenüber der Umwelt wahrzunehmen (vgl. Laloux 2015, S. 30 f.). Als ein Beispiel dieser „grünen" Organisationen, führt Laloux den Eishersteller Ben & Jerry's an (vgl. Laloux 2015, S. 32 f.).

Laloux identifiziert bei dieser „grünen" Stufe einige konfliktreiche Punkte, welche dieser innewohnen und einer Überwindung bedürfen. So kommt es bei konsensualen Entscheidungsfindungen in kleinen Organisationen oft zu Lähmungen und Machtspielen (vgl. Laloux 2016, S. 32). Das Ideal Hierarchien abzubauen kann daher nicht umgesetzt werden, sondern wird in Empowerment und „Servant Leadership" (vgl. Greenleaf 1970) übersetzt. Ein Dilemma und auf Dauer unbefriedigend. Doch kann es überwunden werden?

---

21 Wie Laloux betont, gibt es aus seiner Sicht keine „einfarbigen" Organisationen. Es lässt sich immer ein Mix unterschiedlicher Stufen ausmachen, die aber meist von einer „Hauptfarbe" dominiert wird. Vgl. hierzu bspw. Laloux 2015, S. 38: „Jedes Paradigma umfasst und transzendiert die vorhergehenden. Wenn wir also gelernt haben, aus dem modernen leistungsorientierten Paradigma zu leben, haben wir dennoch die Fähigkeit, wenn es angemessen ist, auch aus dem traditionellen konformistischen oder dem tribalen impulsiven Paradigma zu handeln."

Nach Laloux steht die Menschheit kurz vor einem neuen Bewusstseinssprung zur integralen evolutionären Weltsicht. Und hier laufen die Fäden des Inklusionsparadigmas und des organisationalen Lebenszyklus zusammen: Die integrale „petrolfarbene“ Stufe beschreibt eine Weltsicht, in welcher das Dasein und Miteinander als individuelle und kollektive Entfaltung interpretiert wird. Das einzigartige Potential eines jeden Menschen steht im Mittelpunkt. Beinahe schon spirituell spricht Laloux dabei vom „Ego loslassen“ und meint damit die Freimachung von Ängsten und äußeren Zwängen, welche den individuellen Bedarfen und Bedürfnissen des Individuums im Wege stehen (vgl. Laloux 2015, S. 43 ff.). Dies führt zu einer ganzheitlichen Weltsicht, welche alle Bereiche des Lebens miteinander verbindet und in ihrer Komplementarität wie Komplexität ernst- und wahrnimmt. Konsequenz für Organisationen ist damit nach Laloux eine komplett andere Struktur und Führungskultur, die sich nach Prinzipen der Selbstführung, der Suche nach Ganzheit und dem evolutionären Sinn identifiziert (vgl. Laloux 2015, S. 54 f.). Er nennt die Organisationsform, die sich daraus entwickelt „evolutionär“ (Laloux 2015, S. 43).

Frappierend ist dabei die Parallelität zu den Werten und Grundzügen des oben skizzierten inklusiven Paradigmas: Besonders das Abzielen auf Autonomie und Potentialentfaltung im Ansatz Lalouxs bietet organisationale Anschlussmöglichkeiten zur Übersetzung einer inklusiven Haltung in die organisationale Praxis und umfasst dabei nicht nur Adressat*innen, sondern auch die Mitarbeitenden und das gesamte Unternehmen.

Mit der evolutiven Organisation bietet sich die Gelegenheit das inklusive Paradigma nicht nur als pädagogisch erkannte Notwendigkeit, sondern auch als organisationale Chance wahrzunehmen und in die Praxis umzusetzen.

Mit der Organisationstheorie Lalouxs ist somit eine Synthese von inklusiver Sozialpädagogik und organisationaler Abbildung von Inklusion möglich.

Für die Organisationen in den Erziehungshilfen bedeutet dies, und hier möchte ich nochmals auf Merchels kategorischem Ausschluss von selbstorganisierten Teams eingehen, dass sich Form und Praxis aneinander anpassen müssen. Organisational hätte dies zur Folge, dass selbstorganisierte Teams, flache Hierarchen, flexiblere Entlohnung und multiprofessionelle Teamzusammensetzungen zu entwickeln sind, um durch eine verflochtene Netzwerkstruktur den komplexen Herausforderungen einer inklusiven Kinder- und Jugendhilfe begegnen können.

Dies hat dann auch Auswirkungen auf die kommunale Leistungskultur sowie das Zusammenwirken von Jugendhilfeplanung, individueller Hilfeplanung und der finanziellen Ausgestaltung der Kinder- und Jugendhilfe als solches: „Ziel einer inklusiven Ausgestaltung [der Erziehungshilfen, Anm. DK], deren Schlüsselverfahren die Hilfeplanung und die Jugendhilfeplanung sind, muss die Gewährleistung der notwendigen Hilfsangebote für junge Menschen mit erzieherischem und eingliederungshilfespezifischem Bedarf sein. Sowohl öffentliche als auch freie Träger sollten sich dazu in einem innovativen, partizipativen Prozess aufmachen, um lokal die Angebotsstrukturen inklusiv auszugestalten und die individuelle Hilfeplanung als ‚Instrument der adressat*innenorientierten Gestaltung von Erziehungshilfeleistungen' weiterzuentwickeln" (Kieslinger 2021a, S. 156).

2.6 Zwischenfazit

Ausgehend von soziologischen Überlegungen, die mit normativen Verstrebungen versehen die Grundlage für die Ausformulierung des inklusiven Paradigmas in den Hilfen zur Erziehung bilden, stellt das zurückliegende Kapitel die Frage nach der Resonanz dieser geformten Ansprüche in der Reform des SGB VIII.

Die Folgen der konsequenten Anwendung des konstruierten und begründeten inklusiven Paradigmas in der sozialpädagogischen Praxis macht anhand der drei Konflikt- und Themenfelder deutlich, vor welchen Herausforderungen das gesamte Feld sowie die angrenzenden Sozialleistungs- und Rehabilitationsträger in Zukunft gestellt werden. Schließlich wurde auf struktureller und institutioneller Ebene nach den Auswirkungen auf organisationale Strukturen gefragt und ein Denkschema zur Weiterentwicklung dieser herausgearbeitet.

Aus diesen Überlegungen gilt es nun folgende Ankerpunkte und Wegmarken zu setzen, um an diesen einen Horizont aufzuspannen, vor welchem sich in Kapitel 3 die aktuelle Finanzierungssituation der Leistungen für junge Menschen darstellt, sowie die Hypothesen der unter Kapitel 4 durchgeführten Befragung abgeleitet werden. Zusammenfassend bedeutet inklusive Leistungserbringung:

(1) Das Wahrnehmen individueller, vielschichtiger Bedarfslagen, was zu einer Komplexitätsausweitung des Arbeitsfeldes führt.

(2) Eine Bewältigung dieser daraus erwachsenden Aufgabenfülle durch unterschiedliche Professionen, die es in das System der Kinder- und Jugendhilfe mit einzubeziehen gilt.
(3) Folglich sind fachlich neue Standards zu entwickeln, die eine multiprofessionelle Arbeit ermöglichen und in die Leistungserbringung zu integrieren sind.
(4) Sowohl Einrichtungskonzeptionen als auch sozialpädagogische Konzepte sind den fachlichen Standards und den individuellen Bedarfslagen der jungen Menschen anzupassen, woraus der Anspruch an flexiblere und dynamischere Hilfeleistungen erwächst.
(5) Auf Ebene der einzelnen Organisation (freie und öffentliche Träger) sowie in Zusammenarbeit der unterschiedlichen Stakeholder der Kinder- und Jugendhilfe sind strukturell-supraorganisationale Werkzeuge der Komplexitätsbearbeitung auszubauen und dialogisch weiterzuentwickeln.
(6) Für die organisationalen Strukturen folgt daraus, dass sich der Komplexitätsausweitung einerseits anzupassen ist und dass diese flexibel nach innen gestaltet werden muss. Andererseits muss in der Studie mit den Adressat*innen beständig und verlässlich gearbeitet werden können.

Die im ersten Kapitel aufgeworfene Frage nach der „Ökonomisierung" des Sozialstaates sowie die These der neoliberal-kapitalistischen Durchdringung des sozialen Sektors wurde im zurückliegenden Kapitel nur peripher tangiert. Es wurde jedoch deutlich, dass die radikale Subjektzentrierung des inklusiven Paradigmas einer entsprechenden Entwicklung der sozialstaatlichen Leistungserbringung entgegenwirkt. Da auch diejenigen, die nicht dem neoliberal-kapitalistischem Leistungsprimat entsprechen, eine reziproke Wirkung auf das gesamtgesellschaftliche System entfalten, wird dieses folglich geschwächt. Das inklusive Paradigma – wie es oben konstruiert wurde – hat somit das Potential als Fluchtpunkt für einen Gesellschaftsentwurf zu stehen, in dem alle partizipativ an der derselben teilhaben können.

Auf institutioneller Ebene wird diese Frage im Folgenden nochmals im Spannungsverhältnis von wirtschaftlicher und fachlicher Jugendhilfe, welches sich entlang „strukturell gesetzten Unterschiedlichkeiten, ökonomischen Zwängen und sozialpädagogisch erkannten (fachlichen) Notwendigkeiten" (Kieslinger 2021b, S. 281) entfaltet, zu diskutieren sein.

Daran wird sich im Gesamtfazit dieser Abhandlung zeigen, in welcher Weise die Strukturen aufgestellt sein müssen, um den individuellen Partizipationsmöglichkeiten entsprechen zu können, um schließlich Stellschrauben zur Weiterentwicklung der finanziellen Struktur in den Hilfen zur Erziehung aufzuzeigen.

Die Anforderungen an eine inklusive Erziehungshilfeinfrastruktur im Hintergrund sowie die Überlegungen zur Ökonomisierung der sozialen Arbeit als Basis gilt es nun in einem nächsten Schritt zunächst den Status Quo der Finanzierung von Leistungen für junge Menschen im Kontext stationärer Erziehungshilfen darzustellen.

3 Die Finanzierung inklusiver Leistungen in den Hilfen zur Erziehung

Die dargestellten Grundlagen inklusiver Leistungen in Kapitel 2 haben gezeigt, dass die Umsetzung des definierten inklusiven Paradigmas in den Erziehungshilfen neue Anforderungen an Fachlichkeit stellt sowie organisationaler Rahmung bedarf. In der Konsequenz zieht dies die Frage nach der Finanzierbarkeit und der Finanzierungsstruktur solcher inklusiver Leistungen nach sich.

Das Dritte Kapitel wird zunächst die aktuelle Finanzierungsstruktur der teilstationären bzw. stationären Angebote der Kinder- und Jugendhilfe darstellen, um den Fokus der Studie auf den Kernbereich der Hilfen zur Erziehung zu legen. Dabei soll nicht außer Acht bleiben, dass auch sozialräumlich orientierte Angebote wie Beratung oder die ambulanten Hilfen eine wesentliche Rolle in der inklusiven Ausgestaltung der Kinder- und Jugendhilfe als solches spielen (hierzu siehe Rosenow 2021).

Ist der bestehende Finanzierungsmechanismus in der Kinder- und Jugendhilfe erläutert, folgt in Kapitel 3.2 eine kritische Reflexion dieser Ausgangslage anhand der Analyse des dargestellten inklusiven Paradigmas und dessen Folgen für die Leistungserbringung. Aktuelle Zahlen und Daten ergänzen das entstehende Bild und geben bereits erste Hinweise auf die Stellschrauben, denen es sich sowohl in der durchgeführten Befragung als auch in den sich anschließenden Handlungsperspektiven gewidmet wird.

Der letzte Abschnitt dieses Kapitels weitet schließlich die Perspektive und fokussiert auf strukturelle Rahmenbedingungen, unter denen inklusive Leistungserbringung möglich werden kann und geht explizit auf das Steuerungsinstrument der Jugendhilfeplanung ein.

3.1 Die Finanzierungsstruktur der Kinder- und Jugendhilfe – Leistungserbringung im jugendhilferechtlichen Dreieck

Die Leistungserbringung in der Kinder- und Jugendhilfe wird gemeinhin mit dem jugendhilferechtlichen Dreieck identifiziert. Dieses bisweilen auch als sozialrechtliches Leistungsdreieck (vgl. Bernzen et al. 2018, S. 29) beschriebene Beziehungsgefüge zwischen Leistungsberechtigtem, Leistungsträger und Leistungserbringer bildet das Grundmodell, in welchem sich die rechtlich normierten Ansprüche der Adressat*innen darstellen lassen (vgl. Böllert 2018, S. 6). In diesem Zuge ist zu unterstreichen, dass die Zusammenarbeit der drei genannten Stakeholder einen wesentlichen Faktor beim Gelingen – oder Scheitern – der Hilfen darstellt. Die Leistungsbeziehungen lassen sich – wie vielfach in der Literatur beschrieben (vgl. z.B. Meysen et al. 2014, S. 83; Kepert/Fleckenstein 2014, S. 245; Böllert 2018, S. 6; Marquardt/Trede 2018, S. 120; Hinken 2019, S. 53) – folgendermaßen abbilden:

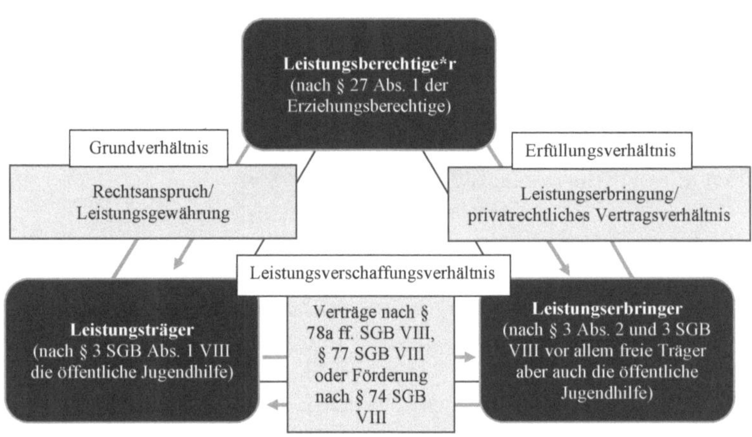

Abbildung 2: Das jugendhilferechtliche Dreieck; eigene Darstellung angelehnt an Meysen et. al 2014, S. 19 und Bernzen et al. 2018, S. 30.

„Alle drei Schenkel bedingen sich in einer bestimmten Weise" (Bernzen 2018, S. 30) und sind somit weder in rechtlicher Perspektive noch pädagogisch oder aus organisationaler Sicht isoliert zu betrachten. Rechtlich kommt ohne das Grundverhältnis kein Erfüllungsverhältnis zustande, aber auch das Leistungsverschaffungsverhältnis ist Voraussetzung, für dieses, da jenes meist zwischen Leistungsträger und Leistungserbringer vor dem konkreten Zustandekommen des Grundverhältnisses besteht (vgl. Bernzen et al. 2018, S. 30).

Durch die vertragliche Bindung von öffentlichem und freiem Träger ist für diesen noch nicht garantiert, dass der durch das Leistungsverschaffungsverhältnis entstandene Vertrag auch angewandt wird. In der Regel schließt der öffentliche Träger mit unterschiedlichen freien Trägern solche Verträge ab, die den Adressat*innen, so zumindest die Idee des Gesetzgebers in § 5 SGB VIII, die Wahlfreiheit sichern soll. In der Praxis wird dies jedoch oft nicht eingelöst. Zwar schränken theoretisch „Haushaltsargumente oder Steuerungs- und Planungsentscheidungen des öffentlichen Trägers […] das Wahlrecht der Adressat*innen nicht ein“ (Emanuel 2015, S. 369), de facto wird die Wahlfreiheit allerdings durch mangelndes Angebot an Alternativen oder zu geringer Berücksichtigung der Expertise der Adressat*innen für ihre eigene Situation beschnitten. Dabei „entlastet das weder rechtlich noch sozialpädagogisch die Professionellen davon, die Rolle der Adressat_innen im Leistungsgeschehen zu stärken“ (Emanuel 2015, S. 370). Dieser Umstand deutet auf die zweite Ebene der Interdependenzen der drei Stakeholder im jugendhilferechtlichen Dreieck hin. So manifestiert sich die pädagogische Dimension der gegenseitigen Verwiesenheit im Prozess der individuellen Hilfeplanung, die als Schlüsselprozess der Kinder- und Jugendhilfe die Protagonist*innen aller drei Ecken an einen Tisch bringt (vgl. Schrapper 2018, S. 1030).

Organisational schließlich ergibt sich die gegenseitige Abhängigkeit in der institutionellen Zusammenarbeit in Jugendhilfeausschüssen (§ 70 SGB VIII), der Arbeitsgemeinschaft nach § 78 SGB VIII sowie der Jugendhilfeplanung (§ 80 SGB VIII). Waren vor der Einführung des KJSG nur die Leistungsträger und Leistungserbringer in gemeinsamen fachlichen Auseinandersetzungen, so wird auch den Leistungsberechtigten, bzw. den jungen Menschen, auf struktureller Ebene durch § 4a SGB VIII die Möglichkeit der Mitwirkung garantiert. Diese „[p]artnerschaftliche Zusammenarbeit als Strukturprinzip der Kinder- und Jugendhilfe […] richtet sich als Norm ausschließlich an die öffentlichen Träger der Jugendhilfe“ (Hinken 2019, S. 59), was zumindest auf organisational-struktureller Ebene die Proportionalität des jugendhilferechtlichen Dreiecks aus dem Gleichgewicht bringt. Unterstrichen wird dies durch die Verankerung dieses Leitprinzips und Steuerungsinstruments der Gesamtverantwortung in § 79 SGB VIII (vgl. Wiesner 2016, S. 186).

Die Einseitigkeit wurde durch die Reformen der Kinder- und Jugendhilfe Ende der 1990er Jahre noch verstärkt, die der wirtschaftlichen Seite der Leistungserbringung im Kontext des Neuen Steuerungsmodells (vgl. Epkenhans-Behr 2016, S. 61) ein stärkeres Gewicht gaben. Diese Art und Weise öffentlichen Haushaltens priorisiert das betriebswirtschaftliche Denken (vgl. Emanuel 2015, S. 124). Damit wurde unterstrichen, dass die freien Träger nicht „Erfüllungsgehilfen [für die öffentlichen Träger, *Anm. DK*] im Sinne eines Beschaffungsverhältnisses" (Emanuel 2015, S. 123) sind, sondern autonom auch konkrete Fallangebote ablehnen können. Andererseits sind die freien Träger auch darauf angewiesen, dass die in dem Leistungsverschaffungsverhältnis geschlossenen Verträge „wahr- und angenommen werden und im Rahmen des Wunsch- und Wahlrechts Anklang finden" (Emanuel 2015, S. 170).

Die Finanzierung von Leistungen, und damit der entscheidende Teil im Leistungsschaffungsverhältnis, der Kinder- und Jugendhilfe wurde im Jahr 1999 grundlegend umstrukturiert und „verbetriebswirtschaftlicht", was die Beziehung zwischen öffentlichem und freiem Träger marktwirtschaftlicher, d. h. mehr von Wettbewerb geprägt, werden ließ (vgl. Emanuel 2015, S. 124). Damit verbunden war die Abkehr von der bis dato praktizierten retrospektiv orientierten Zuwendungsfinanzierung über Selbstkostendeckung in den teilstationären und stationären Angeboten der Erziehungshilfen[22] (vgl. Wiesner 2018, S. 61). Die Einführung der §§ 78a-e beschreibt die Pflicht zum Abschluss von Leistungs-, Qualitäts-, und Entgeltvereinbarungen und beinhaltet die Regelung zur prospektiven Berechnung der Leistungsentgelte sowie die detaillierte Darstellung des Leistungsangebotes (vgl. Epkenhans-Behr 2016, S. 59). Die oben beschriebene Einseitigkeit auf strukturell-organisationaler Ebene machte beispielsweise Messmer deutlich, der bereits 2007 in einer Studie Hinweise darauf findet, dass die Interessen der öffentlichen Träger – Kostenersparnis – und jene der freien Träger – betriebswirtschaftliches Handeln im Sinne des Selbsterhalts – eigentlich entgegengesetzt sind (vgl. Messmer 2007, S. 122 f.). Damit stieg auch „die Abhängigkeit der freien Träger vom Jugendamt, was die Orientierung an den Maßgaben des Jugendamtes steigert, an denen der Familie verringert" (Emanuel 2015, S. 324).

---

22 Den Anwendungsbereich dieser Vereinbarungen bestimmt § 78a SGB VIII näher, der die genauen Leistungsbereiche aufführt und neben den Hilfen zur Erziehung (§§ 27, 32, 34, 35, 35a SGB VIII) auch Hilfen für junge Volljährige (§ 41 SGB VIII) sowie Hilfen für Mütter/Väter und Kinder (§ 19 SGB VIII) und Hilfen nach § 21 SGB VIII nennt.

Seit gut zwanzig Jahren gibt es in Folge dieser Gesetzesanpassung in der Kinder- und Jugendhilfe zwei unterschiedliche Formen der Finanzierung. Die erste bezieht sich auf die Finanzierung eines Dienstes oder einer Einrichtung, die „entweder über eine Förderung (Zuwendungsfinanzierung) oder mittels zweiseitiger Vereinbarungen über eine Einzelfall- und/oder Pauschalfinanzierung" (Meysen et al. 2014, S. 21) erfolgt. Diese Form der Finanzierung wird als Objektfinanzierung bezeichnet (vgl. Wiesner 2016, S. 168) und bezieht sich auf die Normen in den §§ 74 und 77 SGB VIII. Dabei findet die Inanspruchnahme der Leistungen direkt statt und zwischen den Adressat*innen der Hilfe und dem Kostenträger kommt kein Vertragsverhältnis zustande (vgl. Meysen et al. 2014, S. 30). Zumeist wird Objektfinanzierung als eine Sozialsubvention verstanden und betrifft daher in der Regel beratende Leistungen ohne einklagbares Recht, wie z.B. die §§ 13, 13a, 17, 18, 28 SGB VIII (vgl. Wiesner 2016, S. 170). Es handelt sich folglich um vermögenswerte Leistungen, die dem freien Träger durch den öffentlichen Träger der Jugendhilfe gewährt werden, ohne dabei eine konkrete Gegenleistung zu erhalten (vgl. Wiesner 2016, S. 170). Dabei gilt es jedoch zu differenzieren zwischen Leistungen, die nach § 74 SGB VIII einerseits und § 77 SGB VIII andererseits erbracht werden. Bei § 74 kommt der einseitige Verwaltungsakt zum Zug, der beispielsweise eine Pauschalfinanzierung ermöglicht oder als Sockelbetrag Infrastruktur und eine Grundmenge an Angebot refinanziert (vgl. Meysen et al. 2014, S. 34). § 77 SGB VIII hingegen, der durch das KJSG eine neue Form erhalten hat, setzt einen Vertragsabschluss über Einzelfallabrechnung voraus, der entweder eine Vorableistung mit abschließender Abrechnung beinhaltet, oder eine Abrechnung nach Inanspruchnahme der Leistung vorsieht (vgl. Meysen et al. 2014, S. 34). Die durch diese Finanzierungsformen erbrachten Leistungen lassen sich unter dem Stichwort der sozialräumlichen Angebote fassen und beinhalten neben den bereits erwähnten beratenden Angeboten ebenso ambulante Hilfeformen, welche „auch Qualitätsmerkmale für die inklusive Ausgestaltung der Aufgabenwahrnehmung und die Berücksichtigung der spezifischen Bedürfnisse von jungen Menschen mit Behinderungen" (§ 77 Abs. 1 SGB VIII) umfassen.

Die für diese Studie entscheidende Art der Finanzierung betrifft die zweite Möglichkeit, wie Leistungen in der Kinder- und Jugendhilfe erbracht werden und findet im oben dargestellten jugendhilferechtlichen Dreieck statt. Die Inanspruchnahme der Leistung erfolgt dabei direkt durch die leistungsberechtigte Person (vgl. Wiesner 2016, S. 168). Diese als Subjektfinanzierung bezeichnete Leistungserbringung setzt eine Einzelfallentscheidung des Jugendamtes voraus und verpflichtet Leistungsträger und Leistungserbringer bei stationären sowie teilstationären Leistungen der Erziehungshilfen zu Vertragsabschlüssen nach §§ 78a ff. (vgl. Meysen et al. 2014, S. 25). Die dargestellte Form der Finanzierung betrifft alle Rechtsansprüche, „die durch Bescheid des öffentlichen Trägers bewilligt werden" (Epkenhans-Behr 2016, S. 79). Zur Übernahme des entsprechenden Entgelts ist der öffentliche Träger nur dann verpflichtet, wenn die Vertragstrias von Leistungs-, Qualitäts-, und Entgeltvereinbarung geschlossen wurde (vgl. Bernzen et al. 2018, S. 25). Die Leistungsvereinbarung bildet die Basis der drei Vertragsarten und hat damit zentrale Bedeutung für die entsprechende Leistungserbringung (vgl. Wiesner 2018, S. 62). In § 78b Abs. 1 Nr. 1 wird deutlich beschrieben, dass die Leistungsvereinbarung „Inhalt, Umfang und Qualität der Leistungsangebote" (Wiesner 2018, S. 62) umfassen muss. Damit wird „zum Ausdruck gebracht, dass der Gegenstand der Vereinbarung nicht die im Einzelfall tatsächlich zu erbringende bzw. erbrachte Leistung ist [...,] sondern im Schwerpunkt diejenigen Bestandteile der Leistung, die von der Einrichtung verantwortet werden" (Wiesner 2018, S. 62).

Noch vorgeschaltet zu dieser Vereinbarung ist in den Einrichtungen eine Konzeption zu entwickeln, die fundiert und umfassend das Angebot, das in der Leistungsvereinbarung sowie in Qualitäts- und Entgeltvereinbarungen vertraglich fixiert und mit entsprechenden Geldbeträgen versehen wird, darstellt (vgl. Emanuel 2015, S. 561).

In der Leistungsvereinbarung gilt es nach neuem Stand des SGB VIII auch die Qualitätsmerkmale nach § 79b SGB VIII umzusetzen, die ausdrücklich „die inklusive Ausrichtung der Aufgabenwahrnehmung und die Berücksichtigung der spezifischen Bedürfnisse von jungen Menschen mit Behinderungen" (§ 79b Abs. 2) umfassen sollen. Welche Auswirkungen dies auf die Vertragsabschlüsse in der Praxis hat, ist zum Zeitpunkt der Abfassung dieser Arbeit kaum abzusehen – zumal die einschlägigen rechtlichen Kommentierungen mit Stand zum 7. Dezember 2021 noch nicht vorlagen.

Es ist jedoch zu konstatieren, dass diese Verbindung des § 78b mit der novellierten Norm § 79b ein mögliches Vehikel darstellt, um die inklusive Leistungserbringung nicht nur auf die jungen Menschen mit Behinderungen engzuführen, sondern im Sinne des weitgefassten Inklusionsgedankens dieser Studie auszugestalten. Unterstrichen wird dies dadurch, dass die Qualitätsmerkmale nach § 79a Abs. 2 nicht nur auf die Leistungsvereinbarungen, sondern auch auf die Entgelt- und Qualitätsvereinbarungen anzuwenden sind und entsprechende innovative wie finanzielle Türen öffnen könnten.

Die inhaltliche Gestaltung der Leistungsvereinbarung wird konkretisiert in § 78c. Dabei sind sowohl Art, Ziel und Qualität des Angebotes (Nr. 1), der zu betreuende Personenkreis (Nr. 2), die erforderliche personelle und sächliche Ausstattung (Nr. 3), die Qualifikation des Personals (Nr. 4) sowie die betriebsnotwendigen Anlagen der Einrichtung (Nr. 5) festzulegen. Allerdings ist der „Katalog der Leistungsmerkmale nicht abschließend […]. Die Leistungsvereinbarung muss vielmehr alle einzelnen notwendigen und geeigneten erzieherischen, therapeutischen und fördernden Hilfen aufführen" (Wiesner 2018, S. 63).

Die Benennung aller notwendigen und erforderlichen Hilfen im Kontext des Angebotes, das durch die Leistungsvereinbarungen vertraglich festgesetzt werden soll, obliegt zunächst dem Träger der freien Jugendhilfe und dessen Gestaltungsfreiheit (vgl. Wiesner 2018, S. 61). Art, Ziel und Qualität der angebotenen Leistung können somit auch nach den unter Kapitel 2 aufgestellten Maßstäben für eine inklusive Erziehungshilfe aufgestellt werden – fraglich ist jedoch, inwieweit der öffentliche Träger diese Angebote vertraglich behandelt bzw. belegt.

In der Leistungsvereinbarung werden folglich durch die Nennungen in § 78c die organisationalen und „strukturellen Voraussetzungen einer sozialpädagogischen Hilfe beschrieben" (Wiesner 2018, S. 63), die zunächst keine inhaltliche Festlegung dessen bedeuten, wie die Hilfen pädagogisch, therapeutisch oder anderweitig erbracht werden. Das Einhegen des inklusiven Grundparadigmas kann folglich bereits jetzt in Einrichtungen der Kinder- und Jugendhilfe Anwendung finden. Besonders deutlich wird dies, wenn das Komplementär zu § 78b herangezogen wird: die Norm zur Erteilung einer Betriebserlaubnis nach § 45 SGB VIII. Diese basale Norm, die dem strukturellen Kinderschutz dient, und Mindeststandards zur Gewährleistung des Kindeswohls in einer Einrichtung definiert, formuliert die Soll-Anforderungen dessen, was in einer Konzeption wiederzufinden sein muss: Schutzkonzept, „geeignete Verfahren der Selbstvertretung und Beteiligung sowie der Möglichkeit der Beschwerde in persönlichen Angelegenheiten innerhalb und außerhalb der Einrichtung" (§ 45 Abs. 2 Nr. 4). Die inhaltliche Ausgestaltung dieser Pflichtelemente zur Erteilung einer Betriebserlaubnis sind allerdings nicht vorgeschrieben und durchaus im Sinne des Inklusionsparadigmas zu fassen.

Die Frage ist dann nur, ob auch die entsprechende Entgeltvereinbarung den dafür notwendigen Personalschlüssel und die adäquate personelle sowie sächliche Ausstattung abbildet. Rein rechtlich sind„[g]emäß § 78b Abs. 2 Satz 1

SGB VIII [...] die *Vereinbarungen mit den Trägern* abzuschließen, die unter Berücksichtigung der Grundsätze der Leistungsfähigkeit, Wirtschaftlichkeit und Sparsamkeit zur Erbringung der Leistung *geeignet* sind" (Wabnitz 2018, S. 99, Hervorh. im Original). Mit den Entgeltvereinbarungen ist der Dreh- und Angelpunkt erreicht, um den sich die Kontroversen um die Finanzierungsstruktur der teilstationären und stationären Hilfen – die schließlich die teuersten Hilfen im Angebotsspektrum der Kinder- und Jugendhilfen sind – entspinnen. Den „Gegenstand der Entgeltvereinbarungen [bilden, *Anm. DK*] *differenzierte Entgelte für die Leistungsangebote* und die betriebsnotwendigen *Investitionen*" (Wabnitz 2018, S. 100, Hervorh. im Original). Entgeltvereinbarungen haben sich an den vereinbarten Merkmalen in Leistungs- und Qualitätsvereinbarung zu orientieren und haben entsprechend § 78c Abs. 2 Satz 1 SGB VIII leistungsgerecht zu sein (vgl. Wabnitz 2018, S. 100). Damit ist die Entgeltvereinbarung derart konstruiert, dass sie Grundlage der Deckung der entstehenden Kosten im Einzelfall ist, sich in der Praxis allerdings an bestimmten Leistungstypen orientiert, um eine gewisse Praktikabilität zu gewährleisten (vgl. Meysen et al. 2014, S. 24). Das bedeutet, dass die zugrundeliegende Konzeption der Leistung und die sich daraus abzuleitenden Leistungs- und Qualitätsentwicklungsvereinbarungen möglichst präzise zu fassen sind, um entsprechend exakt das angemessene Entgelt zu berechnen. Für den Einzelfall sind die Maßstäbe, anhand derer sich die Entgelte bemessen, die „Bedarfsdeckung und Prospektivität" (Wabnitz 2018, S. 102); betriebswirtschaftlich rückt der „allgemein erforderliche Betriebsaufwand" (Wabnitz 2018, S. 103) in den Mittelpunkt. Dieser muss unter Berücksichtigung der Sparsamkeit und wirtschaftlichen Betriebsführung dem Träger der freien Jugendhilfe ermöglichen, seine Betriebskosten entsprechend zu decken. Dazu gehören Investitionsmaßnahmen, Kosten für die Verbrauchsgüter (Sachkosten) sowie Personalkosten. Nach Gottlieb (vgl. 2018, S. 1169f.) ist anzuraten, das Entgelt für Sach- und Personalkosten so aufzusplitten, dass sich eine Grundleistung von individuellen Zusatzleistungen (z. B. ein spezifisches therapeutisches Angebot) und Investitionsfolgekosten abgrenzen lässt.

Investitionskosten sind daher gesondert aufzuführen und als Investitionsmaßnahmen extra mit dem Träger der öffentlichen Jugendhilfe abzustimmen und durch diesen zu genehmigen (vgl. Wabnitz 2018, S. 104). Dabei werden als „*Investitionsmaßnahmen* [...] solche [bezeichnet, Anm. DK], die dazu bestimmt sind, die für den Betrieb der Einrichtung notwendigen Gebäude und sonstigen abschreibungsfähigen Anlagegüter herzustellen, anzuschaffen, wieder zu beschaffen, zu ergänzen, instand zu halten oder instand zu setzen, wobei die zum Verbrauch bestimmten Güter (Verbrauchsgüter) ausgeschlossen sind“ (Wabnitz 2018, S. 104, Hervorh. im Original).

Letztere sind als Sachkosten aufzuführen. Interessant im Hinblick auf die Umsetzung des inklusiven Paradigmas als notwendig herausgearbeiteten interdisziplinären Teams, sind die Personalkosten, zu denen neben den Kosten für die Fachkraft auch die anteiligen Aufwendungen für den Overhead von Leitung und Verwaltung hinzuzurechnen sind (vgl. Meysen et al. 2014, S. 25). Nach Meysen et al. (2014, S. 25 ff.) gibt es dabei zwei grundlegende Berechnungsarten, um die Entgelte für Leistungen entsprechend abzubilden. Bei der Abrechnung nach Fachleistungsstunden wird der Quotient „für das Verhältnis von Personal- und Sachkosten zur Arbeitszeit einer Fachkraft“ (vgl. Meysen et al. 2014, S. 25) errechnet, um so die Kosten für eine Stunde Arbeitszeit dieser Fachkraft darzustellen.

Die zweite Art Kosten in Entgelten abzubilden, wird als Tagessatz bezeichnet. Dieser berechnet das Entgelt in der Weise, dass alle Personalkosten, Sachkosten und investive Folgekosten abgedeckt werden und mittels einer angenommenen Auslastungsquote auf das Jahr für jeden Platz bzw. jedes „Bett“ kalkuliert werden können (vgl. Meysen et al. 2014, S. 27).

Für die nachfolgenden Überlegungen, welche Stellschrauben für die inklusive Weiterentwicklung der Leistungserbringung zu drehen sind, gilt es festzuhalten, dass „[d]ie Grundleistungen einer Einrichtung […] regelmäßig […] über Tagessätze [abgerechnet werden, *Anm. DK*], während die Abrechnung der *individuellen Zusatzleitungen* in der Regel über Stundensätze oder Fachleistungsstunden erfolgt“ (Meysen et al. 2014, S. 27, Hervorh. im Original).

Mit diesem kurzen Blick auf die Erbringung und Finanzierung von Leistungen im jugendhilferechtlichen Dreieck, mit dem Fokus auf stationäre und teilstationäre Hilfen ist die Ausgangslage dargestellt, unter welchen Bedingungen die Frage der inklusiven Leistungserbringung zu diskutieren sein wird. Diese im Wesentlichen rechtliche Grundstruktur wird nun unter Kapitel 3.2 einer kritischen Reflexion unterzogen, welche zur Hypothesenbildung für die empirische Erhebung dienen wird.

3.2 Kritische Reflexion der aktuellen Finanzierungsstruktur

Die Beschreibung von komplexen Strukturen und den systemimmanenten Abhängigkeiten bleibt immer unvollständig. Mit Blick auf die Finanzierungs- und Kostenzusammenhänge im Feld der Kinder- und Jugendhilfe gilt es auf Grundlage der oben dargestellten rechtlichen Ausgangssituation einige Indikatoren zu identifizieren, welche die Weiterentwicklungsperspektiven im Hinblick auf die Umsetzung des inklusiven Paradigmas aufzeigen können und als Grundlage für die Thesenbildung in Kapitel 4.1 dienen. Dabei sollen im Folgenden drei Schlüsse gezogen werden, die eine kritische Reflexion ermöglichen: 1. Trotz des Versuchs der Kostendeckelung in den 1990er Jahren ist kein Ende der Kostensteigerung in Sicht, 2. Die „Wirtschaftliche Jugendhilfe" im Jugendamt fungiert als Gatekeeper für die Weiterentwicklung von Hilfen, 3. Es gibt Möglichkeiten bereits zum aktuellen Zeitpunkt das inklusive Paradigma umzusetzen.

3.2.1 Gestiegene Kosten trotz systemimmanenter Lösungen

Es gilt zu konstatieren, dass trotz der Einführung der §§ 78a ff. Ende der 1990er Jahre und der damit verbundenen Abkehr von der bis dato praktizierten retrospektiv orientierten Zuwendungsfinanzierung über Selbstkostendeckung in den teilstationären und stationären Angeboten der Erziehungshilfen ein Kostenanstieg von 7,1 Milliarden € im Jahr 2009 auf rund 13 Milliarden € im Jahr 2019 stattgefunden hat (vgl. Statistisches Bundesamt 2020).

Damit einher geht ein Anstieg der erzieherischen Hilfen im Jahr 2019 auf 1,02 Millionen Fälle, was einen neuen Höchststand und eine Ausweitung gewährter Hilfen um 22 % im Vergleich zu 2009 bedeutet.[23]

Mit dem quantitativen Anwachsen der Hilfen ging qualitativ fachlich eine Steigerung der Anforderungen an die Bedarfsermittlung sowie die Leistungserbringung einher. Dies wird beispielsweise daran deutlich, dass die Hilfen für junge Menschen mit einer Beeinträchtigung nach § 35a SGB VIII in

23 Zwar wurde im Jahr 2020 zum ersten Mal seit 10 Jahren ein Rückgang der Fallzahlen verzeichnet – auf rund 963.000 erzieherische Hilfen für junge Menschen unter 27 Jahren (vgl. Statistisches Bundesamt 2021b), jedoch kann aufgrund der Sondersituation der Corona-Einschränkungen nicht von einer nachhaltigen Wende ausgegangen werden. Es ist vielmehr damit zu rechnen, dass aufgrund der geschlossenen öffentlichen Einrichtungen viele Fälle von Kindeswohlgefährdung unentdeckt blieben und die Zahlen wieder ansteigen werden.

diesem Zeitraum um 156 % angestiegen sind und 2019 gut 10 % der gesamten Fälle ausmachten (vgl. Statistisches Bundesamt 2021a).

Die mit der Umsetzung der SGB VIII Reform bis ins Jahr 2027 verbundenen Kosten werden auf rund 262 Millionen € geschätzt (vgl. BT Drucksache 19/26107, S. 57 ff.), was vor dem Hintergrund der nur angerissenen zukünftigen Aufgaben durch das KJSG sehr wenig erscheint. Nach Art 104a GG müssen verfassungsgemäß die entstehenden Mehrkosten durch die Länder bzw. Kommunen getragen werden (vgl. Wiesner 2016, S. 166), welche – so ist zumindest anzunehmen – die Steuerungsmacht durch die §§ 78a ff. nicht unbedingt zum Vorteil für die Adressat*innen wahrnehmen werden.

Ein weiteres Indiz dafür und folglich für die Grenzen des bestehenden Finanzierungs- und Leistungssystems der Kinder- und Jugendhilfe im Allgemeinen sowie der Hilfen zur Erziehung im Speziellen sind die sogenannten „Systemsprenger*innen". Diese verweisen auf tieferliegende strukturelle Probleme, die oft nicht als solche erkannt und mittels systemimmanenter Lösungsansätze bearbeitet werden (vgl. Esser 2021, S. 86). Dies kann mit als ein Grund betrachtet werden, warum ca. 40 % begonnener erzieherischer Hilfen (vgl. Tornow 2019, S. 38) vorzeitig abgebrochen werden und nicht zum angestrebten Erfolg führen.

Diese umgangssprachlich als „Drehtüreffekt" bezeichnete Auswirkung, kann unter den Gesichtspunkten von Sparsamkeit und Wirtschaftlichkeit sowohl als ineffizient als auch ineffektiv bezeichnet werden und wird weder finanziellen und schon gar nicht sozialpädagogischen Ansprüchen gerecht. Dabei rührt dieses Phänomen nicht nur an den sozialpädagogischen Grundprinzipien von Jugendhilfeleistungen, sondern steht in direktem Zusammenhang mit der Form des Entgelts für diese Angebotsstrukturen. So unterstreicht bspw. Emanuel in seiner institutionsökonomischen Analyse, dass „[a]us ökonomischer Perspektive gezeigt werden [kann, *Anm. DK*], dass die Form des Entlohnungssystems Auswirkungen auf die Qualität der Leistungen hat" (Emanuel 2015, S. 559).

Dabei ist eine Rückkehr zum Selbstkostendeckungsprinzip nicht zielführend. Denn die Prospektivität von Entgelten kann im Vergleich dazu „eine bessere Steuerung im Hinblick auf Qualität und Effizienz gewährleisten" (Emanuel 2015, S. 559). Dieses von Emanuel angesprochene Verhältnis – und das ist mit Blick auf die Frage, wie in Zukunft die Subjektzentrierung des inklusiven Paradigmas durchgehalten werden kann relevant – steht jedoch in direkter

Beziehung zur Fragmentierung der Leistungsbeschreibung: „je kleinteiliger und standardisierter die Leistungsaspekte, desto stärker wird der ökonomische Anreiz, nur noch genau diese Tätigkeit durchzuführen" (Emanuel 2015, S. 559).

Als erste Reflexion auf die Ausgangslage lässt sich m. E. die These herleiten, dass das aktuelle Finanzierungssystem der Kinder- und Jugendhilfe im Hinblick auf die fachliche Weiterentwicklung ebenso wie in Bezug auf Effektivität und Effizienz der Leistungserbringung an eine gewisse Grenze gestoßen ist, die sich nicht mehr systemimmanent ausweiten lässt. Wie diese zu verschieben ist und welche alternativen Herangehensweisen dies nach sich zieht, wird sich im Prozess der Umsetzung des KJSG zeigen müssen.

3.2.2 Wirtschaftliche Jugendhilfe als „Gatekeeper"

„Die Fachkräfte des Sozialdienstes Junge Menschen entscheiden über einen erforderlichen Hilfebedarf (Hilfen zur Erziehung). Dies beinhaltet ambulante, teilstationäre und stationäre Jugendhilfen für Kinder, Jugendliche und junge Volljährige. Die „Wirtschaftliche Jugendhilfe" ist innerhalb des Jugendamtes für die Finanzierung dieser Jugendhilfen zuständig. Hier werden unter anderem die Jugendhilfeleistungen bewilligt, Anträge der Leistungsberechtigten bearbeitet und die finanzielle Situation der jungen Menschen überprüft" (Freie Hansestadt Bremen, o. S.)

Über die sogenannte „Wirtschaftliche Jugendhilfe" ist in der einschlägigen Literatur nicht viel zu finden. Lediglich bei einigen Jugendämtern werden auf deren Onlinepräsenz die Leistungen der „Wirtschaftlichen Jugendhilfe" beschrieben. Wie in obigem Zitat soll im Folgenden die „Wirtschaftliche Jugendhilfe" so verstanden werden, dass diese innerhalb des Jugendamtes die Finanzierung der vom Allgemeinen Sozialen Dienst (ASD) erkannten Bedarfe sicherstellt und somit als eine Art „Gatekeeper" über die letztendliche Bewilligung der ermittelten Hilfen entscheidet.

Dabei trifft dieser Fachdienst im Jugendamt die Entscheidung „in Zusammenarbeit mit pädagogischen und medizinisch-psychologischen Fachdiensten […] über die jeweils erforderliche und geeignete Hilfe" (Stadt München) und stellt die finanziellen Mittel für den „festgestellten Jugendhilfebedarf nach dem SGB VIII bereit" (KVJS, o. S.). Auch die Steuerung liegt fachlich und rechtmäßig in den Händen der „Wirtschaftlichen Jugendhilfe" im Jugendamt (vgl. KVJS o. S.).

Dadurch, dass bis auf wenige Online-Quellen keine umfangreichen Abhandlungen über die „Wirtschaftliche Jugendhilfe" zugänglich sind, ist die wissenschaftliche Untersuchung der Bedeutung der Rolle „Wirtschaftlicher Jugendhilfe" – und schließlich trägt die Studie die Frage nach dem Verhältnis von Fachlichkeit und „Wirtschaftlicher Jugendhilfe" im Titel – nur unter sehr eingeschränkten Bedingungen möglich.

Es finden sich nur Indikatoren, die Rückschlüsse theoretischer Art auf die Rolle dieser Abteilung des Jugendamts zulassen. Da Mitarbeitende aus der „Wirtschaftlichen Jugendhilfe" auch an den Verhandlungen zu Leistungs-, Qualitätsentwicklungs-, und Entgeltverhandlungen teilnehmen, findet sich ein Hinweis auf deren Einfluss bei Lubitz (2018, S. 143). Dieser stellt kritisch fest, dass „[i]n der Realität von Verhandlungen über Leitungs- (sic!) und Entgeltverhandlungen immer wieder beobachtet werden [kann, *Anm. DK*], dass der Abschluss der den Marktzugang eröffnenden Vereinbarungen verhindert oder verzögert wird."

Flankiert werden kann diese Beobachtung durch unterschiedliche Gespräche des Autors dieser Studie mit erfahrenen Fachkräften aus dem Feld der Hilfen zur Erziehung. In deren Aussagen wird deutlich, dass die „Wirtschaftliche Jugendhilfe" sowohl bei den Verhandlungen zur Vertragstrias Leistungs-, Qualitätsentwicklungs- und Entgeltverhandlungen als auch bei der Gewährung individueller Zusatzleistungen fachlich erkannte Notwendigkeiten mit Verweis auf die Kosten nicht bewilligt und kostengünstigere Maßnahmen präferiert, bzw. es nicht zu Vertragsabschlüssen kommt.

Dies kann nicht als empirisch fundierte Erkenntnis gelten, sondern zeigt nochmals deutlich das Forschungsdesiderat in diesem Bereich. Aus diesem soll sich auch die zweite These speisen, die in der empirischen Erhebung nach deren Validität abgeklopft werden soll: Inwiefern hat die „Wirtschaftliche Jugendhilfe" Einfluss auf die Leistungserbringung?

3.2.3 Möglichkeit zur Umsetzung des inklusiven Paradigmas und die Einschränkung durch die Landesrahmenverträge

Mit Blick auf die Voraussetzungen für die Erteilung einer Betriebserlaubnis nach § 45 SGB VIII und dem Abschluss von Leistungsvereinbarungen nach § 78b SGB VIII steht der Umsetzung des Inklusionsparadigmas wie in Kapitel 2.2.3 formuliert m. E. grundsätzlich nichts im Wege. Sowohl die unter Kapitel 2.3 dargestellten pädagogisch-fachlichen Spannungsverhältnisse lassen sich im bestehenden gesetzlichen Rahmen des Leistungsrechts bearbeiten und inklusiv weiterentwickeln; auch die unter Kapitel 2.4 skizzierten organisationalen Veränderungen stehen nicht im Widerspruch zu den genannten gesetzlichen Anforderungen. Die herausgearbeiteten Grundkonstanten Adressat*innenorientierung, Subjektzentrierung, Partizipation und das Verwobensein von Autonomie und Interdependenz (siehe oben S. 24) können grundsätzlich als Innovationsmotor im bestehenden novellierten Kinder- und Jugendhilferecht fachliche Umsetzung erfahren.

Dem entgegen stehen in gewisser Weise nur die landesrechtlichen Regelungen, die in den sogenannten Landesrahmenverträgen festgehalten sind. Diese werden „zwischen den kommunalen Spitzenverbänden und den Verbänden der Träger der Einrichtungen“ (Wiesner 2015, S. 1390) auf Grundlage von § 78f. SGB VIII geschlossen. Ihre Funktion ist in erster Linie zu verhindern, dass die örtlichen Regelungen der Vereinbarungen nach § 78b zu stark voneinander abweichen (vgl. Wiesner 2015, S. 1390). Landesrahmenverträge richten ihre Aufmerksamkeit auf alle nach § 78b zu schließenden Vereinbarungen und dienen vor allem zur Orientierung für das Entgelt von Leistungen. So gliedert der Rahmenvertrag in Baden-Württemberg beispielsweise nach Regelleistungen und individuellen Zusatzleistungen (vgl. LRV Ba-Wü, S. 8). Dabei werden „die leistungsgerechten Entgelte für die individuellen Zusatzleistungen [...] in einem Verzeichnis der abrechenbaren Leistungen festgelegt“ (LRV Ba-Wü, S. 8). Diese Festlegung auf genau abzugrenzende Leistungen haben den Vorteil, beiden Vertragsparteien Sicherheit und Orientierung zu geben; jedoch ist eine Leistung, die zwar angemessen, aber nicht in diesem Leistungskatalog erfasst ist, nicht über diesen zu finanzieren. Bspw. ist die Beantragung eines*r Ergotherapeuten*in in Baden-Württemberg nicht im Rahmen der Jugendhilfe möglich.

Diese vertraglichen Rahmensetzungen auf Landesebene sind nicht in allen Bundesländern in derselben Weise umgesetzt. So gibt es in Nordrhein-Westfalen keinen Landesrahmenvertrag, in Baden-Württemberg sehr wohl.[24] Zwar fehlt ihnen die allgemeine Verbindlichkeit und die Vereinbarungen gelten für die Vertragsparteien nur, wenn sie den Regelungen beigetreten sind (vgl. Wiesner 2015, S. 1391), jedoch entfaltet der Landesrahmenvertrag eine erhebliche Wirkmacht (vgl. Gottlieb 2018, S. 1181). So können Landesrahmenverträge die Vertragsfreiheit und Innovation, wie bereits skizziert, hemmen. So stellt

24 Eine wenn auch nicht ganz aktuelle Übersicht bietet: www.bagfw.de/archivseiten/qualitaet-alter-hauptmenuepunkt/gesetze/landesrahmenvertraege-nach-78f-sgb-viii

auch Grube 2018 im Hinblick auf den Bayerischen Rahmenvertrag fest: „Vor allem werden in den Rahmenverträgen die Leistungstypen festgelegt; dies macht es schwer, neue, innovative Betreuungssettings einzuführen" (Grube 2018, S. 51).

Ein weiterer Punkt, an welchem sich immer wieder in der Auslegung von Rahmenverträgen Konflikte entzünden, ist das sogenannte Fachkräftegebot nach § 72 SGB VIII. Zwar verpflichtet diese Norm nur die öffentlichen Träger der Jugendhilfe, hat aber auch nicht unerhebliche Konsequenzen für die Fachkräfte bei Trägern der freien Jugendhilfe. „Dies gilt insbesondere für den Abschluss von Leistungsvereinbarungen nach § 78b SGB VIII" (Wiesner 2015, S. 1286), da hier von „gleichwertig fachlichen Standards ausgegangen wird" (Wiesner 2015, S. 1286). Diese Einschränkung durch die Auslegung des Fachkräftegebots führt in der Praxis zuweilen dazu, dass eine relativ begrenzte Zahl an Ausbildungs- und Studiengängen als Fachkräfte in der (teil)stationären Jugendhilfe anerkannt und somit auch finanziert werden. Dabei hat bereits 2017 der Bayerische Verwaltungsgerichtshof in einem Urteil festgehalten, dass das tätige Personal lediglich für die ausgeführte Aufgabe persönlich geeignet und in hinreichendem Maß qualifiziert sin muss (vgl. BayVGH S. 12). Noch weitergehender wurden die sogenannten Fachkraftlisten durch das Oberverwaltungsgericht Berlin-Brandenburg hinterfragt, die in einem Urteil vom 25. August 2021 ausdrücklich betonen, dass „eine fachliche Ausbildung für die Betreuung" durch den „§ 45 SGB VIII grundsätzlich nicht vorgeschrieben" (OVG Berlin-Brandenburg 6 S 18/21) wird. Im Hinblick auf die oben als notwendig postulierten multidisziplinären Teams stünde also grundsätzlich rechtlich nichts dagegen; das Agieren der öffentlichen Träger in der Praxis entspricht dem jedoch meist nicht.

Aus dieser kurzen Beschreibung, wie sich Rahmenverträge auf die Leistungserbringung auswirken, lässt sich die dritte These für die empirische Befragung ableiten: Die eigentlich mögliche Innovationskraft durch das inklusive Paradigma wird durch die landesrechtlichen Vorgaben faktisch eingeschränkt.

Im Wesentlichen lassen sich drei Bereiche identifizieren, die sich in der Praxis auf die Innovationsfähigkeit und damit auf die Umsetzung des inklusiven Paradigmas auswirken: Diese drei *systemimmanenten Hemmschuhe* gilt es dabei mit Instrumenten auf struktureller Ebene zu bearbeiten, damit die inklusive Weiterentwicklung der Kinder- und Jugendhilfe bewerkstelligt werden kann. Zusammenfassend und für den letzten Abschnitt dieses Kapitels leitend sind diese:

(1) Trotz der Einführung der §§ 78aff. SGB VIII wurde keine Kostendeckelung erreicht, was die Bearbeitung dieser Herausforderung im Gesamtsystem der Jugendhilfe notwendig macht;
(2) Die Wirtschaftliche Jugendhilfe des öffentlichen Trägers besitzt eine „Gatekeeperfunktion", die bei schlechter Zusammenarbeit mit dem Allgemeinen Sozialdienst hinderlich für die Qualität der Leistungserbringung ist;
(3) Die Landesrahmenverträge wirken einschränkend auf die Innovationsfähigkeit der Kinder- und Jugendhilfe und beschneiden die prinzipiell mögliche inklusive Weiterentwicklung.

3.3 Steuerungsinstrumente zur strukturellen Ermöglichung inklusiver Leistungen

Im Hinblick auf die drei genannten systemimmanenten Problemstellungen und der finanziellen Ausgangssituation, die eine Steigerung der Ausgaben im Bereich der Kinder- und Jugendhilfe in den kommenden Jahren sehr wahrscheinlich machen, gilt es besonders auf eine Stellschraube zu schauen, welches ein „unverzichtbares Instrument, um Ziele und Maßnahmen der Jugendhilfe transparent, öffentlich und veränderbar zu machen", ist: die Jugendhilfeplanung nach § 80 SBG VIII in Verbindung mit den §§ 79 und 79a SGB VIII.

Die zentrale Funktion der Jugendhilfeplanung im Kontext kommunaler Kinder- und Jugendhilfe ist vor allem durch Vermittlung und Steuerung geprägt (vgl. Herrmann 2018, S. 1045). Zentral beschrieben in den §§ 79 und 80 SGB VIII g verfolgt der lokale Träger der öffentlichen Jugendhilfe mit dem Prozess der Jugendhilfeplanung das Ziel eine breite und bedarfsgerechte Angebotspalette an Jugendhilfeangeboten zu schaffen, welches den Bedarfen und Bedürfnissen der Leistungsberechtigten im jeweiligen Zuständigkeitsgebiet gerecht werden soll (vgl. Smessaert/Münder 2010, S. 161). Im neu gefassten § 80 wird ihr somit auch die Verpflichtung zugeschrieben, inklusiv und an den Bedarfen von jungen Menschen mit Behinderungen ausgerichtet zu agieren (vgl. § 80 Abs. 4).

Die Gesamtverantwortung für den Prozess liegt nach § 79 Abs 1 SGB VIII beim jeweiligen Träger der öffentlichen Jugendhilfe, der „gewährleisten [soll, *Anm. DK*], dass die zur Erfüllung der Aufgaben nach diesem Buch [dem SGB VIII, *Anm. DK*] erforderlichen und geeigneten Einrichtungen, Dienste und Veranstaltungen den verschiedenen Grundrichtungen der Erziehung entsprechend rechtzeitig und ausreichend zur Verfügung stehen“ (§ 79 Abs. 2 SGB VIII). Dabei ist „[d]ie umfassende Beteiligung der freien Jugendhilfe an der Jugendhilfeplanung […] keine bloße Geste partnerschaftlicher Zusammenarbeit, sondern Ausdruck des gemeinsamen Interesses an der möglichst verbindlichen Gestaltung eines Handlungsrahmens“ (Wiesner 2015, S. 1419).

Mit § 79a SGB VIII wird der öffentliche Träger der Jugendhilfe zusätzlich zu einer kontinuierlichen Weiterentwicklung der Qualität in den verschiedenen Bereichen der Kinder- und Jugendhilfe verpflichtet (vgl. Herrmann 2018, S. 1045) und durch das KJSG auch auf die inklusive Weiterentwicklung der Kinder- und Jugendhilfe festgelegt. Die Verbindung zu § 78b SGB VIII, die mit dem KJSG neu hinzugekommen ist, stellt m. E. ein gutes und wichtiges Moment dar, um die inklusive Ausgestaltung der Hilfen zur Erziehung voranzubringen.

Gleichzeitig haben die Täger der Hilfen zur Erziehung in diesem Planungsprozess eine Sonderrolle. Anders als bspw. Kindertageseinrichtungen oder Angebote der Jugendarbeit sind sie nicht auf eine Lebensphase beschränkt, sondern richten sich nach dem erzieherischen Unterstützungsbedarf der Eltern (vgl. Graßhoff/Hinken/Sekler 2019, S. 14).

Eckpunkte der rechtlich unkonkret gefassten Planungsziele der Jugendhilfeplanung sind in § 79 SGB VIII vor allem die normierten Begriffe „erforderlich“, „geeignet“, „rechtzeitig“ und „ausreichend“ benannt (Herrmann 2018, S. 1049). § 80 SGB VIII konkretisiert dahingehend, dass eine Rahmung für die Planung definiert wird: Bestandsaufnahme der Einrichtungen und Dienste, Bedarfsermittlung unter Berücksichtigung der Wünsche, Bedürfnisse und Interessen der jungen Menschen und der Personensorgeberechtigten und rechtzeitige sowie ausreichende Angebotsplanung (Abs. 1), Rahmenbeschreibung der Ziele (Abs. 2), Beteiligung der anerkannten freien Träger nach § 78 SGB VIII (Abs. 3) und die koordinierte Zusammenarbeit mit anderen öffentlichen Instrumenten – vor allem interessant im Hinblick auf die Sozialplanung (Abs. 4). „Generell lässt sich Jugendhilfeplanung daher als eine kontinuierliche, nicht abschließbare und auf ständige Weiterentwicklung angelegte Aufgabe fassen, die sich durch Verständigung öffentlicher und freier Jugendhilfe entfaltet“ (Kieslinger 2021a, S. 141). Jugendhilfeplanung bildet somit „die Grundlage für örtliche Ziel- und Prioritätensetzungen […] und [begründet, *Anm. DK*] damit letztlich auch den erforderlichen *finanziellen*

Rahmen" (Wabnitz 2018, S. 1210, Hervorh. im Original). Die für den kommunalen Haushalt entscheidende Funktion gibt der Jugendhilfeplanung somit nicht nur eine fachliche, sondern auch eine politische Rolle. Herrmann beispielsweise stellt heraus: „Planung in der Jugendhilfe ist deshalb nicht nur ein methodisches Vorgehen zur bedarfsgerechten Gestaltung von sozialer Infrastruktur. Sie ist gleichzeitig auch ein oft konfliktreiches jugendhilfepolitisches Ringen um die Gestaltung eines sozialen Feldes, in dem es zwischen den beteiligten Akteuren um die Durchsetzung von Deutungsmustern und Interessen, um Beibehaltung oder Veränderung von Kräfteverhältnissen geht" (Herrmann 2018, S. 1050).

Im Bereich der Hilfen zur Erziehung stellt Jugendhilfeplanung aus den gewonnenen Erkenntnissen qualitative und quantitative Bedarfslagen in der Versorgungsstruktur fest. Aus dieser Erhebung erwächst das Erfordernis, diese Änderungsbedarfe durch angemessene pädagogische Konzepte institutionell zu decken (vgl. Graßhoff/Hinken/Seckler 2019, S. 15). Dabei spiegeln die freien Träger der Jugendhilfe die entscheidende Rolle, damit passende Konzeptionen entwickelt werden. Fachlich haben sich dabei vier Modi etabliert, in denen die Jugendhilfeplanung agiert: Bereichsorientierung, Sozialraumorientierung, Zielgruppenorientierung sowie Ziel- und Leitlinienorientierung (vgl. Wabnitz 2018, S. 1210).

Die Forderung nach einer inklusiven Weiterentwicklung der Jugendhilfeplanung ist nicht neu. So unterstrich die IGfH bereits im Jahr 2012 die Notwendigkeit der inklusiven Ausgestaltung der Jugendhilfeplanung (vgl. IGfH 2012, S. 7) und 2019 verwies der AFET im Kontext des Prozesses „Mitreden Mitgestalten" darauf, dass „ohne qualifizierte Jugendhilfeplanung keine inklusive Jugendhilfe" (Graßhoff et. al 2019, S. 15) möglich sei.

Zieht man jedoch die aktuellen Daten der durch das Institut für soziale Arbeit e. V. erhobenen Untersuchung heran, so ist die Realität der Jugendhilfeplanung noch ein ganzes Stück weit davon entfernt: In der Benennung von Wichtigkeit und Priorität landet das Thema Inklusion bei den Jugendämtern nur im Mittelfeld (4,4 bzw. 3,7 von maximal 6 Punkten) (vgl. ISA 2021, S. 40). Auch gestaltet sich die Jugendhilfeplanung in Deutschland sehr heterogen und ist keineswegs in allen kommunalen Strukturen in der Form etabliert, dass es als funktionales Instrument das Feld der Hilfen voranbringen könnte: „Der Diskurs zur Entwicklung der Kinder- und Jugendhilfe (so er sich im Rahmen einer Gremienstruktur niederschlägt) erfolgt somit in vielen Jugendämtern auf der Grundlage einer oft lückenhaften empirischen

Datenbasis gleichsam ‚im Nebel', der eine zielgerichtete Fachplanung und Ressourcensteuerung behindert" (ISA 2021, S. 26).

Wie auch immer die konkrete Umsetzung des KJSG in den kommenden Jahren aussehen wird, klar ist, dass mit einem Anstieg der Inanspruchnahme im Bereich der Hilfen zur Erziehung zu rechnen ist (vgl. BT Drucksache 19/26107, S. 8) und damit Steuerung und zielgerichtete Planung noch mehr Gewicht bekommen. Dabei dürften die qualitativen Anforderungen weiter steigen, verpflichtet doch der angepasste § 79a die öffentliche Jugendhilfe die Weiterentwicklung der Angebote an „Qualitätsmerkmale[n] für die inklusive Ausrichtung der Aufgabenwahrnehmung und [unter, *Anm. DK*] Berücksichtigung der spezifischen Bedürfnisse von jungen Menschen mit Behinderungen" zu messen. Dies wird nicht ohne Folgen für die nach § 78 b SGB VIII abzuschließenden Leistungsvereinbarungen bleiben und mittelfristig auch die Entgeltvereinbarungen beeinflussen.

Die qualitative inklusive Weiterentwicklung des Feldes ist eng mit den Steuerungsinstrumenten verbunden, die dem öffentlichen Träger zur Konzeption und Planung von Angeboten zur Verfügung stehen. Als eines der wichtigsten planungstechnischen Instrumente wird dabei die Jugendhilfeplanung im novellierten § 80 SGB VIII – ebenso wie die Qualitätsentwicklung in § 79a SGB VIII – auf die Implementierung des inklusiven Gedankens verpflichtet.

Die Umsetzung eines möglichst wirksamen, vielfältigen, *inklusiven* und aufeinander abgestimmten Angebotes von Jugendhilfeleistungen (vgl. § 80 Abs. 2 S. 1 SGB VIII) verlangt dabei unterschiedliche Herangehensweisen an die „komplexen Herausforderung(en) der Jugendhilfeplanung" (ISA 2021, S. 14). Gemeinsam mit dem Jugendhilfeausschuss und den Arbeitsgemeinschaften nach § 78 SGB VIII ist dies auf kommunaler Ebene die wichtigste Stellschraube, um die Hilfen zur Erziehung und das gesamte Feld der Kinder- und Jugendhilfe inklusiv zu gestalten und die notwendige Vernetzung unterschiedlicher Professionen sowie den Adressat*innen zu ermöglichen.

Wie die freien Träger der Jugendhilfe die Jugendhilfeplanung wahrnehmen, die zumindest theoretisch als ein wichtiges Steuerungsinstrument konstruiert wurde, um das inklusive Paradigma umzusetzen, wird als eine weitere These für die Entwicklung der im Rahmen dieser Studie durchgeführten Untersuchung dienen.

4 Aktuelle Spannungsverhältnisse von „Wirtschaftlicher“ und „Fachlich-pädagogischer“ Jugendhilfe

Das dritte Kapitel hat gezeigt, dass sich die Entwicklung von inklusiver Leistungserbringung unter dem Dach der Kinder- und Jugendhilfe vor allem entlang der Reibefläche von „Wirtschaftlicher“ und pädagogisch-fachlicher Jugendhilfe entscheiden wird. Die durchgeführte empirische Erhebung hat zum Ziel, dieses Spannungsverhältnis, wie es sich gegenwärtig bereits im Bereich der Kinder- und Jugendhilfe und insbesondere im Bereich der Erziehungshilfen zeigt, aufzudecken sowie dessen Konturen nachzuzeichnen. Die Phasen der qualitativen Forschung orientieren sich am Prozess in neun Stufen nach Döring/Bortz (2015, S. 24). Dementsprechend ist die durchgeführte Studie als explanative Studie zu betrachten, „die theoretisch wohlbegründete Hypothesen anhand von Daten testen“ (Döring/Bortz 2015, S. 24) soll. Folglich werden zunächst die aus dem zweiten und dritten Kapitel gewonnenen Thesen in Hypothesen komprimiert, um anschließend die Methodik der Befragung offenzulegen. Da es aber nicht nur um die Erhellung von Hypothesen gehen soll, sondern auch mit offenen Fragen Ableitungen von Rahmenbedingungen für die Finanzierung von inklusiven Leistungen erarbeitet werden sollen, hat das Untersuchungsdesign auch Merkmale einer explorativen Studie, „die einen wenig erforschten Sachverhalt detailliert beschreiben und zur Theoriebildung beitragen“ (Döring/Bortz 2015, S. 24) soll.

Die Ergebnisse lassen sich dann vor dem im 2. und 3. Kapitel aufgespannten Hintergrund interpretieren, sodass Linien deutlich werden, anhand derer sich im letzten Kapitel Ansatzpunkte für die Weiterentwicklung inklusiver Erziehungshilfen ableiten lassen.

4.1 Hypothesenbildung

Die leitende Forschungsfrage wurde im ersten Kapitel gefasst: Wie kann ein möglicher Finanzierungsrahmen für inklusive Leistungsangebote in den Hilfen zur Erziehung ausgestaltet werden? Durch die Theoriebildung musste dazu zunächst klargestellt werden, was diese Studie unter Inklusion und davon abgeleitet inklusiven Leistungsangeboten verstehen will (vgl. Stein 2015, S. 126). Ausgehend davon wurden Problemfelder für die Entwicklung von Leistungsangeboten dargestellt und deren Bearbeitung in den Kontext der Finanzierung im sozialstaatlichen Dreieck erläutert. Daraufhin ließen sich in der kritischen Reflexion vier Hypothesen ableiten, welche für die Erforschung der Leitfrage von Relevanz sind (vgl. Döring/Bortz 2015, S. 22 f.):

Hypothese 1: Das aktuelle Finanzierungssystem der Kinder- und Jugendhilfe ist im Hinblick auf die fachliche Weiterentwicklung ebenso wie in Bezug auf Effektivität und Effizienz der individuellen Leistungserbringung an eine gewisse Grenze gestoßen, die sich nicht mehr systemimmanent ausweiten lässt.

Hypothese 2: Die „Wirtschaftliche Jugendhilfe" nimmt in der Erbringung von Leistungen eine Art „Gatekeeperfunktion" ein, welche sich auf die Entwicklung von Leistungen auswirkt.

Hypothese 3: Die Landesrahmenverträge schränken die Innovationsfähigkeit der Kinder- und Jugendhilfe im Hinblick auf Inklusion ein.

Hypothese 4: Die Jugendhilfeplanung ist ein entscheidendes Instrument zur Implementierung des inklusiven Paradigmas und der Weiterentwicklung inklusiver Angebote.

Zur Operationalisierung dieser Hypothesen wurde sich für eine quantitative Erhebung entschieden, um ein möglichst breites Bild und Validität der Aussagen zu erzielen. Die Prüfung der Hypothesen wird durch die Konstruktion eines Fragebogens erfolgen, der sich mittels einer Onlinebefragung an Träger der freien Jugendhilfe wendet.

4.2 Methodik der Befragung

Dieser Abschnitt soll Rechenschaft darüber ablegen, wie die gebildeten Hypothesen methodisch operationalisiert und umgesetzt werden. Auch die Zielgruppe der Befragung sowie die Konstruktion des Fragebogens werden im Folgenden dargestellt. Im letzten Punkt dieses Abschnittes wird die Methodik der Auswertung der Befragung erläutert.

4.2.1 Stichprobe und Befragungsmethode

Damit die Stichprobe der Erhebung möglichst groß war, wurde die Entscheidung getroffen, sich an eine größere Befragung aus dem Modellprojekt *Inklusion jetzt – Entwicklung von Konzepten für die Praxis* anzuschließen. Die Befragung *InkluMa – Inklusion durch Mitarbeitende* (vgl. Hollweg et al. 2021) wurde mittels des Onlinetools SosciSurvey[25] durchgeführt. Dadurch war eine voll anonymisierte Befragung möglich, deren Datensatz zur Auswertung unmittelbar bereit stand. Bei den Angaben zur soziodemographischen Einordnung konnten die Teilnehmenden auch die berufliche Stellung angeben. Jenen, die sich in einer höheren oder mittleren Führungsposition einordneten, wurden die zusätzlichen Fragen der im Rahmen dieser Studie konzipierten Erhebung ausgespielt.

Es handelt sich bei der Befragung um eine teilstrukturierte schriftliche Befragung von Einzelpersonen (vgl. Döring/Bortz 2015, S. 401), die sowohl aus quantitativen geschlossenen als auch aus offenen qualitativen Fragen besteht.

Durch diese Art der „ad-on-Befragung“ war es möglich eine signifikante Anzahl an Einrichtungen der Erziehungshilfen, aber auch der Eingliederungshilfen zu erreichen. Mit ca. 1800 Einrichtungen der beiden Verbände Evangelischer Erziehungsverband (EREV) und dem Bundesverband Caritas Kinder- und Jugendhilfe (BVkE) war eine große Grundmenge gegeben.

Ein Anspruch auf Generalisierbarkeit im Sinne der Übertragbarkeit auf die gesamte freie Kinder- und Jugendhilfe ist trotz des hohen Rücklaufs nicht gegeben, da es sich nur um einen kleinen Ausschnitt von konfessionellen Einrichtungen handelt, was zu einer „Einschränkung der externen Validität“ (Döring/Bortz 2015, S. 527) führt. Ein weiterer negativer Aspekt der Befragungsmethode bezieht sich auf die Länge des Fragebogens. Durch die

---

25 www.soscisurvey.de/en/index

gewählte Form ist diese ein entscheidender Faktor für frühe Abbrüche und somit einen verringerten Datensatz (Döring/Bortz 2015, S. 412). Das kann allerdings durch die Menge der Erreichten ausgeglichen werden. Diese betrug 218 Teilnehmende, welche die zusätzlichen Fragen des „ad-on" dieser Studie ausgefüllt haben.

Eine qualitative Einschränkung erfährt die Online-Methode durch das Fehlen über Informationen der Befragungssituation (vgl. Döring/Bortz 2015, S. 386).

Der Vorteil dieser Befragungsmethode liegt in der einfachen Auswertbarkeit, da die Daten bereits in elektronischer Form vorliegen und relativ leicht anschaulich gemacht werden können. Positiv ist zudem die Reduktion des Effekts der sozialen Erwünschtheit zu sehen, da die Befragung anonymisiert und nicht auf einzelne Einrichtungen rückführbar ist. Mit der Befragung wird nicht der Anspruch der Repräsentativität verfolgt, sondern die empirische Exploration des genannten Verhältnisses zwischen der „Wirtschaftlichen" und der fachlich-pädagogischen Jugendhilfe sowie deren struktureller Verzahnung, die von Hypothesen geleitet eine Darstellung der aktuellen Lage leisten und Perspektiven zur Weiterentwicklung des Feldes aufzeigen soll.

Generell ist die Repräsentativität von Onlinestudien fraglich, da bereits durch die Einschränkung der technischen Voraussetzungen eine Selektion stattfindet. Weitere Probleme dieser Form der Befragung beziehen sich auf Messfehler, die sich auf die Zielpopulation, das Antwortverhalten vor dem Bildschirm und möglichen sozialen Kontextinhalten (vgl. Döring/Bortz 2015, S. 416) beziehen. Da es sich bei der vorliegenden Studie um ein aktiv rekrutiertes Panel handelt, besteht dennoch eine gewisse Aussagekraft in den erhobenen Daten (vgl. Döring/Bortz 2015, S. 415), die sich auf die im nächsten Abschnitt zu beschreibende Zielgruppe fokussiert. Damit können zum einen die Hypothesen auf ihre Validität hin überprüft und die Frage nach den Voraussetzungen inklusiver Leistungserbringung erkundet werden.

4.2.2 Zielgruppe und Stichprobenziehung: freie Träger der Kinder- und Jugendhilfe sowie der Eingliederungshilfe

Durch die Einbindung in die größere Erhebung ist die Zielgruppe der Befragung grundsätzlich auf freie Träger der Kinder- und Jugendhilfe beschränkt, die sich hauptsächlich im Bereich der Hilfen zur Erziehung betätigen. Einrichtungen der Eingliederungshilfe werden nur in geringem Umfang erreicht (neun Teilnehmende des Modellprojektes sind in der Eingliederungshilfe nach SGB IX tätig, sechs ausschließlich in diesem Bereich). Voraussetzung der Teilnahme ist lediglich die Mitgliedschaft in einem der beiden genannten Verbände oder die Teilnahme am Modellprojekt *Inklusion jetzt.* Eine Einschränkung erfährt der befragte Personenkreis, indem nur diejenigen, die sich der mittleren oder höheren Führungsebene zurechnen, den für diese Studie konstruierten Fragebogen ausgespielt bekommen. Da das Interesse vor allem auf den Strukturen und der Finanzierung liegt, wird davon ausgegangen, dass nur Personen mit gewisser Leitungsverantwortung die Kenntnisse zur Beantwortung dieser Fragen haben.

Die Leitungskräfte sind den Angaben der sozidemografischen Erhebung nach in der höheren Leitungsebene (z.B. Geschäftsführung) oder der mittleren Leitungsebene (z.B. Fachgruppenleitung) tätig. Durch die Anlage der Befragung werden mit hoher Wahrscheinlichkeit nur die Personengruppen auch tatsächlich erreicht, die in diesen Bereichen tätig sind. So ist mit Blick auf die Validität der Befragung festzustellen, dass nur die gewünschte Personengruppe befragt wird. Der Populationsumfang der Stichprobe kann im Vorhinein nur anhand der Einrichtungen, die Mitglied in den beiden Fachverbände EREV und BVkE sind, geschätzt werden. Diese beziffert sich auf 1800. In der Stichprobe werden 218 Leitungspersonen erreicht, die allerdings auf Grundlage der erhobenen soziodemografischen Daten nicht einzelnen Einrichtungen zugeordnet werden können. Die tatsächliche Zahl der erreichten Einrichtungen lässt sich somit in der Auswertung nur abschätzen, weshalb auch von einer *„unvollständigen* bzw. *verzerrten Auswahlgrundlage“* (Döring/Bortz 2015, S. 295) ausgegangen wird.

Durch Abfrage der sozioökonomischen Daten kann nachgezeichnet werden, dass sich durch die Anlage der Befragung fast aus dem gesamten Bundesgebiet Personen beteiligt haben (siehe Kapitel 4.3).

Die Einschränkung der Zielgruppe auf Leitungskräfte der Träger der freien Jugendhilfe ist eine weitere Beschneidung der Aussagekraft der erhobenen Daten, da sich hier keine komplementären Einschätzungen der öffentlichen Trägerseite ergeben und auch die in Frage stehenden Personen, die in der Abteilung der „Wirtschaftlichen Jugendhilfe“ des Jugendamtes tätig sind, nicht befragt werden konnten.

So ist das zu zeichnende Bild in die Perspektive der Zielgruppe einzuordnen und ohne komplementäre Daten nur beschränkt aussagekräftig.

4.2.3 Konstruktion des Fragebogens und Pretest

Damit durch die Erhebung relevante Aussagen für die Hypothesen gebildet werden können, die schließlich zur Erhellung der Forschungsfrage dieser Studie führen sollen, bedarf die Konstruktion des Fragebogens besonderer Aufmerksamkeit. Es muss vermieden werden, dass durch die gestellten Fragen auf die Hypothesen rückgeschlossen werden kann und somit keine wirkliche Beantwortung stattfindet (vgl. Döring/Bortz 2015, S. 409). Es wird versucht, sich an den Kriterien bei Döring/Bortz 2015, S. 410 zu orientieren und die dort genannten Fehler zu vermeiden.

Die Erhebung erfolgt, wie schon bei der Zielgruppe beschrieben, durch die Darstellung der individuellen Perspektive der befragten Personen und orientiert sich an den Verfahren zur quantitativen Sozialforschung. Zur Operationalisierung und Spezifikation der Hypothesen wird sich der in den Kapiteln 2 und 3 dargestellten theoretischen Grundlagen bedient. Nachfolgend wird der Kontext der Befragung sowie die Inhalte des konstruierten Fragebogens näher beschrieben.

Da die soziodemografischen Angaben bereits über den Hauptfragebogen von *InkluMa* abgefragt werden, müssen diese nicht mehr gesondert Teil des „ad-on-Fragebogens" sein. Die Extraktion dieser Daten erfolgt dann über selektive Auswahl des erhobenen Datensatzes. So werden Alter, Geschlecht, Position, Bundeslandzugehörigkeit, Größe des Trägers und die Länge der Betriebszugehörigkeit über den Gesamtfragebogen abgedeckt. Für die weitere Einordnung dieser Informationen wird zudem noch nach Kostenträgern der Einrichtungen gefragt (Frage 1) sowie das Leistungsspektrum der Träger abzubilden versucht (Frage 2). Dies geschieht über die Vorgabe unterschiedlicher Items, welche die Teilnehmenden auswählen können. Es ist eine Mehrfachauswahl möglich sowie die Option „Sonstiges" mit einem Freitextfeld.

Gemäß den Hypothesen werden die nachfolgenden Fragen so gegliedert, dass sie in Blöcken zusammengefasst je einer Hypothese zugeordnet werden können und die vier Sachverhalte entsprechend darstellen. Lediglich die Hypothese zu den Landesrahmenverträgen wird nicht durch einen einzelnen Fragenblock abgebildet, sondern wird mit in die weiteren Fragen integriert. Bei der Konstruktion der Fragen wurde bei den vollstrukturierten vor allem die Itemvariante des „Statements" gewählt, das anhand von Antwortvorgaben eine Beurteilung der aktuellen Situation möglich machen soll (vgl. Döring/Bortz 2015, S. 408)

Rückblickend kann konstatiert werden, dass den Landesrahmenverträgen durchaus auch ein eigener Abschnitt gewidmet hätte werden können. Zur Zeit der Konstruktion des Fragebogens lag jedoch die Annahme zugrunde, dass die Landesrahmenverträge als strukturelle Rahmenbedingungen implizit in allen Bereichen ihre Wirkung entfalten.

Die dargestellten Fragen werden mittels eines Pretests fünf ausgewählten Kolleg*innen zur Beantwortung und Einschätzung gegeben (vgl. Döring/ Bortz 2015, S. 410). Lediglich bei der Auswahl der Kostenträger sowie bei den Freinennungen der Frage 21 wurden dabei durch die Pretester*innen Änderungen angeregt. Bei Frage 1 des Fragebogens wurde das Item „Pflegekasse“ hinzugefügt, bei Frage 21 das Item „Kombination unterschiedlicher Hilfen“. Ansonsten ist die Rückmeldung positiv, sodass der Fragebogen wie in Anlage 1 den Teilnehmenden der Befragung ausgespielt wird.

Um sich ein Bild von den befragten Einrichtungen machen zu können befassen sich die ersten beiden Fragen des Fragebogens mit dem der Refinanzierung und dem Angebotsspektrum.

Der erste Fragenkomplex befasst sich somit mit der „individuellen Leistungserbringung“ und hat zum Ziel den Einfluss der strukturellen Rahmenbedingungen auf diese entsprechend nachzuzeichnen.

Frage 1	Durch welchen Kostenträger werden Leistungen Ihres Trägers finanziert
Frage 2	Von meinem Träger werden folgende Leistungen im Bereich der erzieherischen Hilfen angeboten

In fünf Fragen soll dies bewerkstelligt werden:

Frage 3	Die Ablehnung von fachlich gebotenen Leistungen hat dazu geführt, dass im weiteren Hilfeverlauf teurere Maßnahmen durchgeführt werden mussten
Frage 4	Die Prozesse der Leistungsgewährung erfolgen in den gesetzlich vorgegebenen Zeiträumen
Frage 5	In der Regel werden notwendige Zusatzkosten vom Kostenträger gewährt
Frage 6	Der Landesrahmenvertrag (sofern vorhanden) bildet die Bedarfe der Hilfesuchenden adäquat ab
Frage 7	Die Höhe der Kosten einer Leistung haben in der Praxis Vorrang vor pädagogischer Notwendigkeit

Die Skalierung der Daten erfolgt in vier möglichen Antworten, in welchen die Zustimmung zu den genannten Aussagen abgefragt wird: von „stimme überhaupt nicht zu" bis „stimme voll zu".

Der zweite Fragenkomplex widmet sich der Rolle der „Wirtschaftlichen Jugendhilfe" und teilt sich in zwei Blöcke auf. Der erste bezieht sich auf Einschätzungen der Befragten, inwiefern die „Wirtschaftliche Jugendhilfe" Einfluss sowohl auf die unterschiedlichen vertraglichen Vereinbarungen als auch auf die individuellen Hilfearrangements im Kontext der Hilfeplanung habe.

Frage 8 Die „Wirtschaftliche Jugendhilfe" beeinflusst die Hilfeplanung...

Frage 9 Die „Wirtschaftliche Jugendhilfe" beeinflusst Fallentscheidungen im Regelalltag...

Frage 10 Die „Wirtschaftliche Jugendhilfe" beeinflusst Qualitätsvereinbarungen...

Frage 11 Die „Wirtschaftliche Jugendhilfe" beeinflusst Entgeltvereinbarungen...

Frage 12 Die „Wirtschaftliche Jugendhilfe" beeinflusst Leistungsvereinbarungen...

Skaliert werden die Fragen nach der Systematik positiv, eher positiv, eher negativ, negativ. Diese Frage nach der subjektiven Einstellung der Befragten birgt die Gefahr, eine tendenziell schlechtere Bewertung der Einflüsse der „Wirtschaftlichen Jugendhilfe" zu erhalten. Dies muss bei der Auswertung der Daten berücksichtigt werden. Da es jedoch bei der Kategorie des „Beeinflussens" durch das Fragedesign um eine nur bedingt verobjektivierbare handelt, ist dieses Item für die Erhellung der Hypothese sinnvoll.

Als zusätzliche Einordnungshilfe der Aussagen des ersten Blocks soll der zweite Fragenabschnitt dienen. Dieser ändert die Skalierung in „stimme überhaupt nicht zu", „stimme eher nicht zu", „stimme eher zu", „stimme voll zu" und trifft wie der erste Fragenblock Aussagen, die entsprechend bewertet werden sollen:

Frage 13 Die „Wirtschaftliche Jugendhilfe" sollte enger mit der fachlichen Jugendhilfe zusammenarbeiten

Frage 14 Wirtschaftliche Vorgaben seitens der öffentlichen Träger verbessern die Qualität der Leistungserbringung

Nach dem Bereich der „Wirtschaftlichen Jugendhilfe" wird sich mit dem Komplex der Jugendhilfeplanung auseinandergesetzt. Auch hier werden zwei Fragenblöcke konstruiert, die sich der Hypothese vier nähern.

Die ersten vier Fragen widmen sich der Rolle der Jugendhilfeplanung als Instrument. Es werden vier Aussagen getroffen, zu welchen sich die Befragten positionieren sollen: Die Jugendhilfeplanung…

Frage 15	spielt für die Ausgestaltung der Angebotsstruktur meines Trägers eine große Rolle
Frage 16	ist ein geeignetes Instrument zur inklusiven Weiterentwicklung der Kinder- und Jugendhilfe
Frage 17	ist ein geeignetes Instrument zur inklusiven Weiterentwicklung der Hilfen zur Erziehung
Frage 18	ist ein geeignetes Instrument zur inklusiven Weiterentwicklung im Sozialraum

Ziel von Frage 15 ist zunächst die Einschätzung auf Trägerebene abzugeben, bevor die Befragten die Rolle der Jugendhilfeplanung für die Kinder- und Jugendhilfe als Gesamtes einschätzen sollen. Frage 17 und 18 spezifizieren die Rolle des fokussierten Instruments auf einzelne Bereiche der Kinder- und Jugendhilfe und sollen darstellen, inwiefern die Jugendhilfeplanung in den verschiedenen Bereichen unterschiedliche Relevanz besitzt.

Skaliert wird auch hier, wie schon in vorausgegangenen Blöcken in vier Bewertungsstufen mit den Items „stimme überhaupt nicht zu", „stimme eher nicht zu", „stimme eher zu", „stimme voll zu".

Mit derselben Skalierung sollen die Teilnehmenden der Befragung die Aussage der Frage 19 bewerten:

Frage 19	Die Leistungserbringer sind ausreichend in die Jugendhilfeplanung eingebunden

Ins Verhältnis gesetzt zum ersten Frageabschnitt dieses Blocks dient diese Aussage zur relativen Einordnung der getroffenen Aussagen. Daran sollen Veränderungsbedarfe abgeleitet werden, welche die Jugendhilfeplanung betreffen.

Der letzte Fragenblock wird mit Blick auf die Forschungsfrage so erstellt, dass er nicht einer einzelnen Hypothese zuordenbar ist, sondern sich anhand der Aussagen der Befragten Erkenntnisse für eine zukünftige inklusive Leistungserbringung herleiten lassen. So wird der Block wiederum mit einer Einschätzungsfrage begonnen:

Frage 20	Die derzeitige Finanzierungslogik der öffentlichen Jugendhilfe bietet Raum für Innovation und Inklusion

Mit dieser Bewertung, die wieder nach „stimme überhaupt nicht zu", „stimme eher nicht zu", „stimme eher zu", „stimme voll zu" skaliert wird, leitet der zweite Abschnitt über in die Betrachtung, welche Mittel der Wahl die Befragten benennen, um die Jugendhilfe inklusiv auszurichten:

Frage 21 Welche (wirtschaftlichen) Rahmenbedingungen braucht eine inklusive Leistungserbringung

Dabei werden zehn Items zur Auswahl gestellt, wobei die Auswahl „Sonstiges" die Möglichkeit zu einem freien Text bietet. Die einzelnen Items wurden aus Gesprächen mit erfahrenen Fachkräften entwickelt und basieren zudem auf Ergänzungen durch den durchgeführten Pretest.

Am Ende der Befragung werden zwei offene Fragen gestellt:

Frage 22 Wie sollten Leistungsvereinbarungen in einer inklusiven Kinder- und Jugendhilfe gestaltet sein

Frage 23 Wie sollten Entgeltvereinbarungen in einer inklusiven Kinder- und Jugendhilfe gestaltet sein

Zum Abschluss des Fragebogens wird den Teilnehmenden dadurch die Möglichkeit gegeben, aus ihrer praktischen Erfahrung eine Einschätzung zu geben, wie Leistungen vertraglich gefasst aber auch mit Entgelten entsprechend bedacht werden sollen, um einer inklusiven Leistungserbringung gerecht werden zu können.

4.2.4 Auswertung und Rücklauf der gesammelten Daten

Da die Grundmenge der Befragten pro Einrichtung nicht bekannt ist, kann keine Rücklaufquote angegeben werden, die den tatsächlichen Wert abbildet. Es lässt sich lediglich anhand der Anzahl der höheren Leitungskräfte (N=79) auf eine Anzahl von 79 erreichten Einrichtungen schließen. Ausgehend von einer Grundmenge von 1800 Einrichtungen, einem Rücklauf von 79 erreichten, ergibt sich somit eine Rücklaufquote von 4,38 %.

Die Aufbereitung sowie die Auswertung der gesammelten Daten erfolgt durch das Programm SPSS. Die Interpretation der Ergebnisse erfolgt im nächsten Abschnitt in deskriptiver Weise, indem die Daten nach ihren Häufigkeiten analysiert, prozentual angegeben und entsprechend dargestellt werden. An den Stellen, an denen es für sinnvoll erachtet wird, werden Kreuzkorrelationen analysiert, die bestimmte Muster im Verhältnis zweier Items erläutern sollen (vgl. Döring/Bortz 2015, S. 698).

4.3 Ergebnisse

4.3.1 Soziodemografie

Die Befragung erreicht 2018 Teilnehmende, die sich der höheren (77) beziehungsweise der mittleren Leitungsebene zuordnen (145). Diese waren 98 % im Bereich der Erziehungshilfe tätig und nur zu 2 % in den Eingliederungshilfen. 49,3 % der Befragten sind 51 Jahre oder älter. Nur 4,6 % geben an, jünger als 31 zu sein.

Der Schwerpunkt des Angebotsspektrums der Befragten liegt dabei im Bereich der stationären Leistungen (95 %). 88 % der Befragten geben an auch ambulante Dienste vorzuhalten und rund 76 % weisen bereits Erfahrungen mit der Leistungserbringung nach § 35a SGB VIII auf.

Als Kostenträger des angebotenen Leistungsspektrums wird 212-mal das Jugendamt genannt, 76 führen das Sozialamt an und in nur geringem Maß andere Kostenträger. Die sonstigen Angaben sind bis auf eine Aussage nur andere Bezeichnungen für die genannten Träger der Sozialhilfe (Sozialamt) oder der Kinder- und Jugendhilfe (Jugendamt). Die einzige Nennung, die davon abweicht, ist das „Bildungsministerium". Welches Angebot darüber allerdings finanziert wird, ist nicht angegeben; aus der nachfolgenden Frage lässt sich auf eine Erzieher*innenschule schließen.

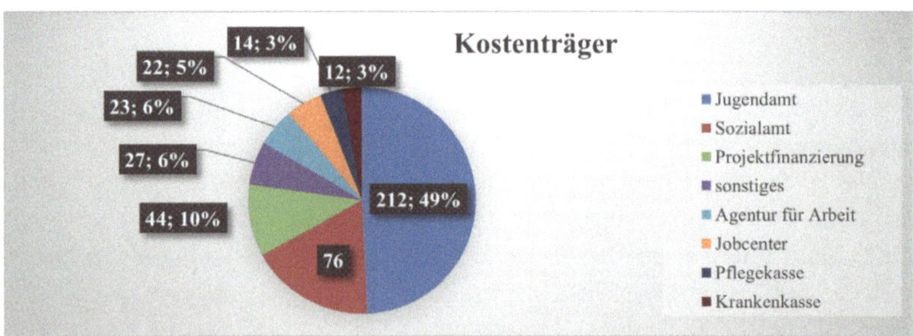

Abbildung 3: Kostenträgerstruktur (N = 218)

Entsprechend der Adressat*innen der Befragung bildet sich das Angebotsspektrum der Leistungserbringung in der Weise ab, dass der Schwerpunkt mit 207 Nennungen auf den stationären Angeboten liegt, dicht gefolgt von ambulanten Diensten und Angeboten im Bereich des § 35a SGB VIII. Die in der obigen Reflexion auf die strukturelle Ausgangslage der Hilfen zur

Erziehung angeführte Ausweitung des Leistungsumfanges im Kontext der Eingliederungshilfe in den letzten zehn Jahren zeichnet sich somit auch in der Leistungsstruktur der Befragten ab.

Elf Träger bieten keine stationäre Unterbringung an, sondern fokussieren sich auf sozialräumliche Angebote wie Beratung oder ambulante Dienste. Die in den sonstigen Angaben genannten Leistungen erweitern die zur Auswahl gestellten Leistungen. Drei Träger nennen begleitete Elternschaft nach § 19 SGB VIII, ein Träger Kindertagesstätten, sechs nennen Schulbegleitung als Angebot und eine Angabe bezieht sich auf die Erzieher*innenausbildung. Drei Nennungen entfallen auf Sozialpädagogische Familienhilfen, die ebenfalls zu den ambulanten Hilfen gerechnet werden müssen.

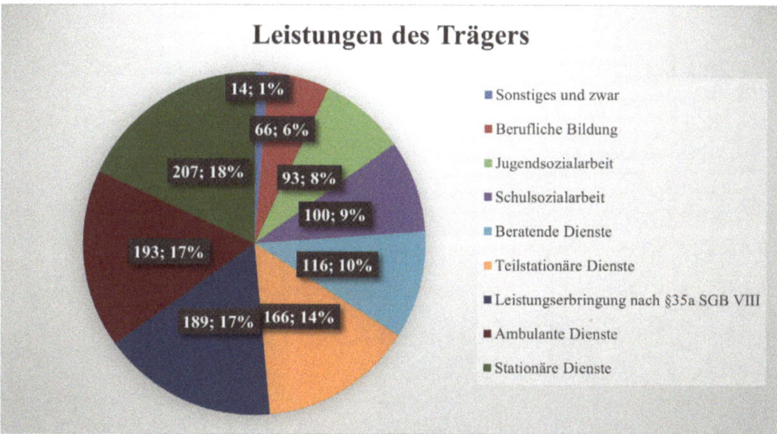

Abbildung 4: Leistungsangebote der Träger (N = 218)

Mit den soziodemografischen Daten sollen nun im nächsten Abschnitt die Fragen der Erhebung beschrieben und eingeordnet werden. Die skizzierten Angaben zeigen deutlich, dass die Befragten vor allem im Bereich der stationären Hilfen zur Erziehung tätig und durch das Jugendamt getragen sind. Allerdings ist auch deutlich die Komplexitätsausweitung in den Hilfen zur Erziehung abzulesen, die sich an dem hohen Anteil an Leistungserbringung nach § 35a SGB VIII mit den oben dargestellten Analysen des Feldes in Verbindung bringen lassen. Einschränkend ist somit für die Auswertung der erhobenen Daten zu konstatieren, dass die Fragen vor allem aus Sicht der Hilfen zur Erziehung beantwortet wurden, die als Komplexträger aber auch

Eingliederungshilfe anbieten. Eingliederungshilfe nach den § 99 ff. SGB IX ist nur in sehr eingeschränktem Maße vertreten.

4.3.2 Auswertung der erhobenen Daten – Hypothesentestung

Erster Fragenblock – Individuelle Leistungserbringung

Der erste Fragenblock widmet sich der individuellen Leistungserbringung und der aktuellen Praktik von Leistungserbringung und -bewilligung.

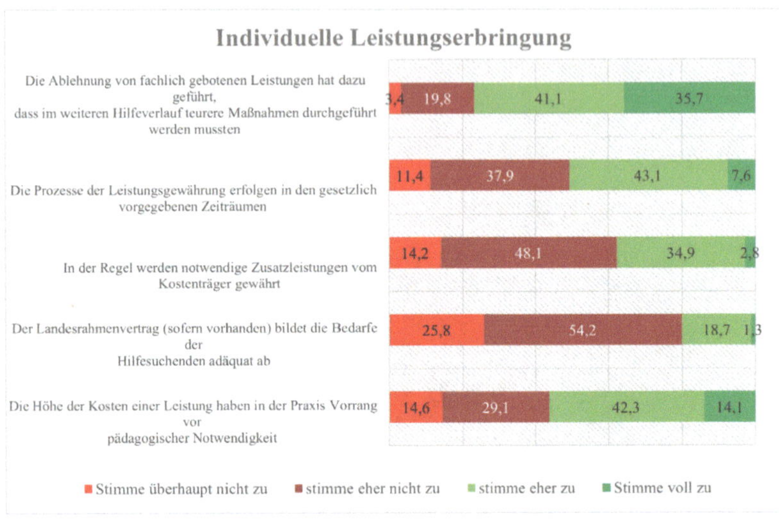

Abbildung 5: Individuelle Leistungserbringung, Fragen 3–7, (N = 218), N Frage 6 = 155 (Da es nicht in allen Bundesländern Landesrahmenverträge gibt, haben 73 Teilnehmende diese Frage nicht beantwortet); Angaben in Prozent

Im Hinblick auf die Gewährung von fachlich gebotenen Leistungen stimmen 35,7 % der Befragten der Aussage zu, dass die Ablehnung von eigentlich angezeigten Interventionen zu einer Verteuerung der nachfolgenden Maßnahmen geführt hat. 41,1 % stimmten dieser Aussage eher zu, wobei lediglich 3,4 % dieser Aussage nicht zustimmten.

Bei über drei Viertel der Befragten hat somit die wirtschaftliche Entscheidung dazu geführt, dass langfristig höhere Ausgaben anfielen. Bedenklich in diesem Kontext ist die Aussage von 11,4 % der Befragten, dass die Prozesse der Leistungsgewährung nicht in den gesetzlich vorgegebenen Zeiträumen erfolgen. Dies geschieht nur in 7,6 % der Fälle. Der Mittelwert von 2,7 (kodiert wurde 2: stimme eher nicht zu, 3: stimme eher zu) deutet darauf hin, dass in der Praxis die Gewährung von Leistungen tendenziell länger dauert als die gesetzlich vorgegebene Frist.

Allerdings ist die Aussagekraft dieser Frage begrenzt. Es ist nicht nachvollziehbar, auf welche gesetzlichen Fristen sich hier bezogen wird und welche Leistungen damit gemeint sind. Auch die Frage wie weit die Fristen überschritten werden, kann nicht dargestellt werden.

Auch die Bewilligung von Zusatzleistungen ist mit 2,8 % Zustimmung zur Aussage, dass diese gewährt werden, gering. 14,2 % stimmen dieser Aussage überhaupt nicht zu, 48,1 % stimmen der Aussage eher nicht zu. Augenfällig in der Zusammenblendung der erhobenen Daten von Frage 3 und Frage 5 ist, dass jene Befragten, die in Frage 3 mit 35,7 % zustimmten, sich in Frage 5 mit 100 % in der Gruppe wiederfinden, die dieser Aussage nicht oder eher nicht zustimmten.

Die Relation der Höhe der Kosten und die pädagogische Notwendigkeit wird durch die Befragten nicht eindeutig beurteilt. So stimmen 14,1 % der Befragten der Aussage zu, dass die Höhe der Kosten einer Leistung in der Praxis Vorrang vor pädagogischer Notwendigkeit hat, zu, 14,6 % stimmen nicht zu. Betrachtet man den Mittelwert von 3,09 (kodiert wurde 2: stimme eher nicht zu, 3: stimme eher zu) so hat die Mehrheit mit einer Standardabweichung von 0,79 der Aussage eher zugestimmt. Insgesamt kann somit die Folgerung getroffen werden, dass die Leistungsgewährung eher unter wirtschaftlichen Gesichtspunkten entschieden wird als unter pädagogischen.

Frage 6 setzt diese individuelle Leistung in Beziehung mit den strukturellen Rahmenbedingungen der Jugendhilfeplanung. Hier wird deutlich, dass die Landesrahmenverträge – sofern sie in den jeweiligen Bundesländern vorhanden sind – den individuellen Bedarfen der Hilfesuchenden nicht gerecht werden. Lediglich 1,3 % der Befragten schätzen ein, dass die Landesrahmenverträge diese adäquat abbilden. Gut ein Viertel stimmt dem überhaupt nicht zu, über die Hälfte stimmt dem eher nicht zu.

Kommentierung und Relevanz für die Hypothesen

Der Prozess der individuellen Leistungserbringung wird von einer Mehrzahl der Befragten als verbesserungswürdig angesehen. Darauf lassen sowohl die Daten zur Leistungsgewährung schließen als auch auf das Verhältnis von pädagogischer Notwendigkeit und fiskalischer Bewilligungspraxis. Fraglich bleibt in diesem Kontext, an welcher Stelle des Hilfeprozesses die genauen Stellschrauben sind, an denen dieses Vorgehen zum Wohl der Adressat*innen verbessert werden kann. Aus den oben dargestellten Daten lässt sich m. E. schließen, dass es zur effizienten und effektiven Hilfeerbringung im sozialstaatlichen Leistungsdreieck, deren Beginn die Leistungsgewährung durch den öffentlichen Träger markiert, einer engeren Zusammenarbeit zwischen den einzelnen Protagonist*innen bedarf, da tendenziell – aus Sicht der Leistungserbringer – diese eher an finanziell-fiskalischer Optimierung orientiert ist, als an fachlich und qualitativ adäquater Arbeit.

Im Hinblick auf Hypothese 1 lässt sich konstatieren, dass die Leistungserbringung tatsächlich nicht in einer effektiven und effizienten Weise praktiziert wird. Es bleibt jedoch offen, ob diese kausal mit der Finanzierungslogik der Kinder- und Jugendhilfe zusammenhängt. Auf diese Kausalität kann m. E. zumindest geschlossen werden, da der Einfluss von fiskalischen wie landesrechtlich strukturellen Rahmenbedingungen und Entscheidungen laut den Befragten erheblichen Druck auf die Leistungserbringung ausübt. Dadurch erhält auch Hypothese 3 Unterstützung, welche die einschränkenden Auswirkungen auf die Innovationsfähigkeit formuliert. Daraus leitet sich eine direkt kausale Beziehung ab, die wiederum Hypothese 1 plausibilisiert: *Wenn* das bestehende System den aktuellen Bedarf nicht effizient und effektiv decken kann, *dann* wird Innovation nicht nachhaltig gefördert.

Wie und ob innerhalb des bestehenden Finanzierungssystems Optimierungen zur Effizienz- und Effektivitätssteigerung vorgenommen werden können, oder das System an seine Grenzen gelangt ist, wie in Hypothese 1 postuliert, lässt sich anhand des ersten Fragenblocks noch nicht ablesen.

Zweiter Fragenblock – Die „Wirtschaftliche Jugendhilfe"

Der zweite Fragenblock hat zum Ziel die im ersten gezeichneten Konfliktlinien zwischen fachlich-pädagogischem Anspruch und wirtschaftlich-fiskalischem Agieren nachzuzeichnen. Abbildung 6 stellt die Fragen acht bis zwölf dar.

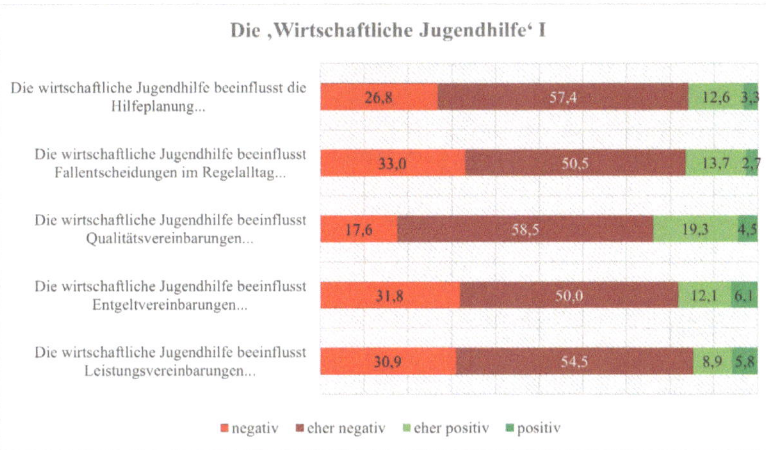

Abbildung 6: Die „Wirtschaftliche Jugendhilfe" I, Fragen 8–12 (N = 218); Angaben in Prozent

So wurde zunächst gefragt, inwiefern die „Wirtschaftliche Jugendhilfe" die Hilfeplanung beeinflusst. Dabei zeigt sich deutlich, dass ein überwiegender Teil der Befragten, insgesamt 84,2 %, den Einfluss als negativ oder eher negativ beschreiben. Nur 3,3 % sehen einen positiven Einfluss auf die fachliche Leistungserbringung im Hilfeprozess.

Dieser aus Frage 8 gewonnene Eindruck setzt sich in den weiteren Einschätzungen der Befragten fort. So wird auch der Einfluss auf die konkreten Fallentscheidungen im Regelalltag mit deutlicher Mehrheit als negativ (33,0 %) eingeschätzt. Dies korrespondiert mit den Antwortverhalten auf die Fragen drei und sechs, in denen besonders die Zusatzleistungen, aber auch die fachlichen Entscheidungen im Fokus standen. So wird der Einfluss auf diese im Mittel mit dem Wert 1,86 angegeben bei einer Kodierung, die 1 = negativ und 2 = eher negativ verschlüsselt.

So zeigen sich auch hier wie im ersten Fragenblock die negativen Auswirkungen der fiskalisch-finanziellen Seite der öffentlichen Jugendhilfe auf die individuelle Leistungserbringung.

Auch was die vertragliche Trias von Leistungs-, Qualitätsentwicklungs- und Entgeltvereinbarung anbelangt, zeichnet sich ein eher negatives Bild des Einflusses der „Wirtschaftlichen Jugendhilfe" auf die Beziehung von öffentlichem und freiem Träger.

Während sich die Einschätzung des negativen bzw. eher negativen Einflusses auf die Leistungs- (30,9 % negativ, 54,5 % eher negativ) und Entgeltvereinbarungen (31,8 % negativ, 50,0 eher negativ) kaum unterscheiden, ist eine signifikante Abweichung bei den Qualitätsentwicklungsvereinbarungen zu sehen. Im Mittel beurteilen die Befragten den negativen Einfluss der „Wirtschaftlichen Jugendhilfe" mit 2,11 (kodiert 1 = negativ und 2 = eher negativ), während die anderen beiden Vertragsarten bei 1,90 (Entgeltvereinbarungen) bzw. 1,92 (Leistungsvereinbarungen) ihren Mittelwert haben. Diese Abweichung kann daher rühren, dass die Qualitätsentwicklungsvereinbarungen in der Praxis nicht den Stellenwert besitzen, wie die ersten beiden Vertragsarten.

Um den Gesamteindruck des Einflusses der „Wirtschaftlichen Jugendhilfe" noch weiter zu konturieren, dient der zweite Abschnitt der Fragen.

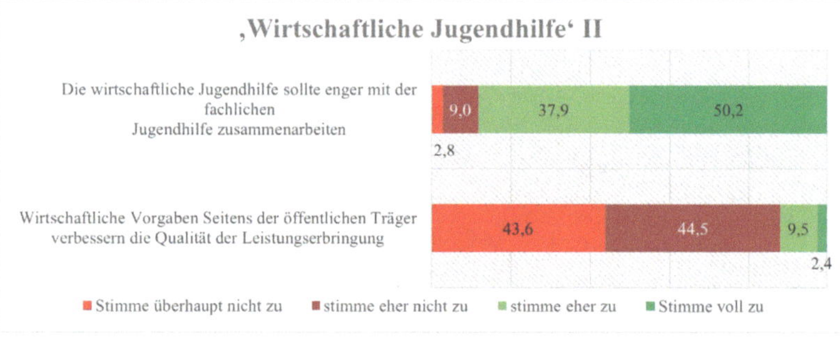

Abbildung 7: Die „Wirtschaftliche Jugendhilfe" II, Fragen 13–14 (N = 218); Angaben in Prozent

Mit Frage 13 konkretisiert sich das Bild der notwendigen Stellschrauben im Hinblick auf die institutionelle Zusammenarbeit sowie die fachliche Arbeit im Einzelfall. Durch die volle Zustimmung von 50,2 %, dass die Zusammenarbeit von „Wirtschaftlicher Jugendhilfe" und fachlicher Jugendhilfe enger gestaltet werden solle und 37,9 % der Befragten, die dem eher zustimmen, wird deutlich, dass die Träger der freien Jugendhilfe hier einen entscheidenden Ansatzpunkt sehen, um die gemeinsame Arbeit zu verbessern.

Frage 14 schärft sodann nochmals den Blick für den finanziell-fiskalischen Einfluss auf die Qualität der Leistungserbringung. So stimmen 43,6 % der Aussage, dass wirtschaftliche Vorgaben seitens der öffentlichen Träger die Qualität der Leistungserbringung verbessern, überhaupt nicht zu, 44,5 % stimmen dem eher nicht zu. In Zusammenschau mit den Angaben aus dem

Fragenabschnitt „Wirtschaftliche Jugendhilfe I“ lässt sich somit darstellen, dass auch aufgrund von wirtschaftlichen Vorgaben die Qualität der Leistungserbringung leidet, zumindest aber nicht in einer positiven Weise beeinflusst wird.

Kommentierung und Relevanz für die Hypothesen

Im Hinblick auf die entwickelten Hypothesen stellt sich hier besonders mit dem Fokus auf Hypothese 2 ein klares Bild ein. Aufgrund der überwiegend negativen Beurteilung des Einflusses der „Wirtschaftlichen Jugendhilfe“ auf alle Ebenen der Leistungserbringung – sowohl in der vertraglichen Trias als auch in der individuellen Angebotsgestaltung – kann darauf geschlossen werden, dass die These der „Gatekeeperfunktion“ der „Wirtschaftlichen Jugendhilfe“ Validität besitzt. Besonders wird aus Sicht der freien Träger der Jugendhilfe hier durchweg die Leistungserbringung in ihrer Effektivität aber auch Qualität und daraus logisch folgend in deren Effizienz eingeschränkt.

Auch mit Fokus auf Hypothese 1 lässt sich aus den gegebenen Antworten der Schluss ziehen, dass die Leistungserbringung aufgrund von wirtschaftlichen und nicht aufgrund fachlich-pädagogischer Gründe seitens des öffentlichen Trägers in ihrer Effizienz und Effektivität beschnitten wird. Was die Grenzen und die Leistungsfähigkeit des bestehenden Systems anbelangt, sind auch hier keine Aussagen zu treffen.

Offen bleibt – und hier ist eine Schwachstelle der durchgeführten Forschung – wie die internen Strukturen des Jugendamtes sowie die Fach- und Führungskräfte der öffentlichen Träger die Fragen entsprechend beantwortet hätten. Tendenziell ist aufgrund der einseitigen Perspektive also nur von begrenzter Aussagekraft auszugehen, die sich in einer Komplementärerhebung konturieren ließe.

Dritter Fragenblock – Die Jugendhilfeplanung

Der erste Fragenkomplex des dritten Fragenblocks widmet sich der Jugendhilfeplanung. So stimmten 73,4 % der Befragten voll oder eher zu, dass Jugendhilfeplanung für die Ausgestaltung der Angebotsstruktur eine große Rolle spiele. Dies spiegelt sich auch in der Bewertung der Jugendhilfeplanung als Entwicklungsinstrument für eine inklusive Kinder- und Jugendhilfe in den unterschiedlichen Bereichen wider. So geben 73,9 % der Teilnehmenden an, dass Jugendhilfeplanung für die gesamte Kinder- und Jugendhilfe ein wichtiges Instrument zur inklusiven Ausgestaltung des Feldes sei. Ähnliche Werte werden in der detaillierteren Betrachtung zur Weiterentwicklung der

Hilfen zur Erziehung (75 %) und im Sozialraum (69,8 %) erzielt. Dabei ist hervorzuheben, dass beim Einfluss der Jugendhilfeplanung auf die Entwicklung im Sozialraum im Mittel ein Wert von 2,9 erreicht wurde (kodiert nach 2 = stimme eher nicht zu, 3 = stimme eher zu), bei den anderen Angaben jeweils ein Wert von 3,0 angegeben werden kann. Dies ist insofern verwunderlich, als dass die Jugendhilfeplanung ein Instrument der kommunalen Infrastrukturentwicklung ist, die sich vor allem auf den Sozialraum fokussiert und je nach Planungsart speziell für diesen eingesetzt wird.

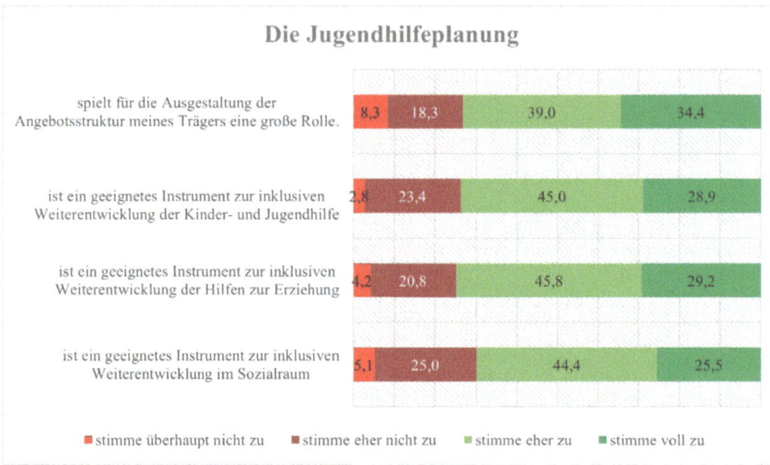

Abbildung 8: Die Jugendhilfeplanung I, Fragen 15–18 (N = 218); Angaben in Prozent

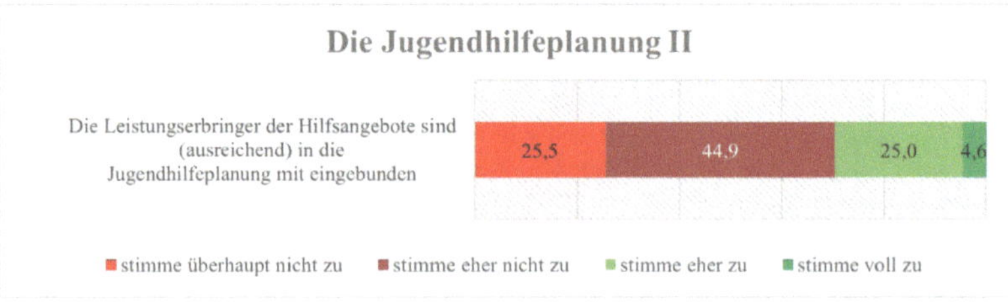

Abbildung 9: Die Jugendhilfeplanung II, Frage 19 (N = 218); Angaben in Prozent

Kontrastierend zu den im ersten Fragenabschnitt dieses Blocks getroffenen Aussagen wurde der Einbezug der Leistungserbringer in die Jugendhilfeplanung fokussiert. Dabei ist das Antwortverhalten genau entgegengesetzt zu dem obigen. So stimmen nur 4,6 % der Befragten zu, dass sie ausreichend in die Jugendhilfeplanung eingebunden sind und nur 25,0 % stimmen dem eher zu.

Dagegen sagt ein Viertel der Befragten, dass sie dieser Aussage überhaupt nicht zustimmen und 44,9 % dem eher nicht zustimmen. Kreuzt man dabei das Antwortverhalten, so zeigt sich deutlich, dass diejenigen, welche der Jugendhilfe hohe Relevanz („stimme voll zu") zuschrieben zu 75 % der Aussage in „Die Jugendhilfeplanung II" überhaupt nicht zustimmen.

So ist eine deutliche Diskrepanz zwischen dem festzustellen, was in der Praxis als notwendig betrachtet wird und wie die tatsächliche Beteiligung stattfindet.

Kommentierung und Relevanz für die Hypothesen

Im Hinblick auf die Hypothese 4 kann aufgrund der erhobenen Daten der Schluss nahegelegt werden, dass die Jugendhilfeplanung – wie postuliert – ein wichtiges Instrument zur inklusiven Weiterentwicklung der Kinder- und Jugendhilfe als solcher als auch der einzelnen Felder ist.

Aus den gegebenen Einschätzungen folgt, dass die freien Träger das Instrument der Jugendhilfeplanung als eine wesentliche Stellschraube identifizieren, um an der kommunalen Jugendhilfeinfrastrukturentwicklung mitzuwirken. Die sich daran anschließende Frage ist, wie der Jugendhilfeausschuss und die Arbeitsgemeinschaften nach § 78 SGB VIII auf das eigentliche Instrument nach § 80 SGB VIII rück- und einwirken. Der vorliegende Befund stützt somit die Hypothese 4 und unterstreicht die Wichtigkeit des Einbezuges der freien Träger in diesen Prozess. Als komplementärer und wichtigster Stakeholder des gesamten Prozesses sind ebenso die Adressat*innen der Hilfen mit in eine inklusive Infrastrukturentwicklung einzubeziehen, was allerdings in der Praxis zur Zeit in noch zu geringem Umfang geschieht (vgl. ISA 2021, S. 28). Zur Jugendhilfeplanung liegen aktuelle Daten einer Erhebung vor, die aus Sicht der öffentlichen Träger dieses Planungsinstrument in den Fokus rücken. Dabei beurteilen die Befragten der Jugendämter die Beteiligung von freien Trägern der Jugendhilfe positiver als die im Rahmen dieser Studie durchgeführten Erhebung (vgl. ISA 2021, S. 30).

Einschränkend zur Datenerhebung ist zu sagen, dass die Begriffsfassung von Jugendhilfeplanung in der Praxis bisweilen nicht immer kongruent definiert ist. Auch das Zusammenspiel von Jugendhilfeplanung, Sozialplanung, Arbeitsgemeinschaften nach § 78 SGB VIII und Jugendhilfeausschuss bleibt in der Befragung unbeleuchtet.

Vierter Fragenblock – Die Zukunft der Finanzierung

Der letzte quantitative Abschnitt wirft einen Blick in die Zukunft. So wird mit der ersten Frage zunächst auf die Möglichkeiten der bestehenden Struktur und deren Innovationspotential abgehoben, ehe als notwendig erachtete Optionen für Rahmenbedingungen inklusiver Leistungserbringung fokussiert werden.

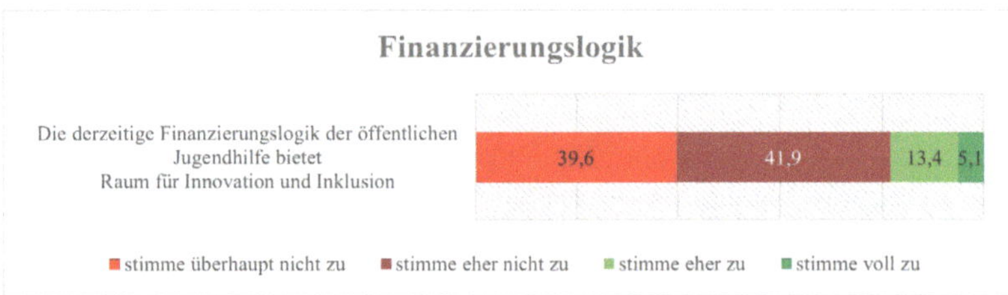

Abbildung 10: Finanzierungslogik, Frage 20 (N = 218); Angaben in Prozent

Blickt man so zunächst auf die Innovationsfähigkeit des bestehenden Finanzierungssystems und fragt danach, welche Spielräume dieses für Angebotsausweitungen in Richtung inklusiver Leistungen bietet, ergibt sich ein ernüchterndes Bild: 81,5 % der Befragten stimmen der Aussage, dass die derzeitige Finanzierungslogik der öffentlichen Jugendhilfe Raum für Innovation und Inklusion bietet, nicht oder eher nicht zu. Nur 5,1 % sehen in den aktuellen Strukturen einen Raum für Inklusion und Innovation.

Ergänzend dazu konturiert die Frage nach den (wirtschaftlichen) Rahmenbedingungen, welche Voraussetzungen geschaffen werden müssen, um eine inklusive Leistungserbringung zu gewährleisten.

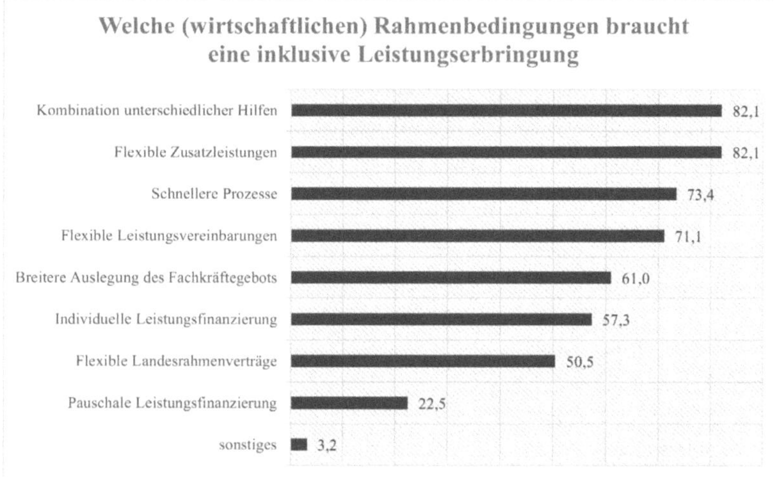

Abbildung 11: Rahmenbedingungen, Frage 21(N = 218); Angaben in Prozent

Die vorgegebenen Antworten beziehen sich sowohl auf die Rahmenbedingungen als auch auf die unterschiedlichen Praktiken im Einzelfall. Die Kombination unterschiedlicher Hilfen – die durch § 27 Abs. 3 SGB VIII nach neuestem Stand im Einzelfall möglich ist – nimmt dabei mit den flexiblen Zusatzleistungen die Spitzenposition mit 82,1 % ein.

Auf mehr Effizienz in den Prozessen legen immerhin 73,4 % wert. Flexible Leistungsvereinbarungen sehen 71,1 % als zielführend an, die Leistungserbringung inklusiv auszugestalten. Das Fachkräftegebot nennen 61,0 %. Als Desiderat erscheint dabei jedoch, dass nicht genannt wird, welche Professionen dabei als notwendig angesehen werden.

Eine individuelle Leistungsfinanzierung erachten 57,3 % als Instrument inklusiver Weiterentwicklung, wobei auch hier unklar bleibt, in welcher Weise die Finanzierung individuell gestaltet werden soll und was der Unterschied zur aktuellen Praxis der hilfeplanbasierten Leistungsgewährung und -erbringung ist. Die Flexibilisierung der bereits oben als Hemmschuh für inklusive Innovation identifizierten Rahmenverträge auf Landesebene benennen 50,5 % als Stellschraube, die es zu verändern gelte. Abgeschlagen mit 22,5 % ist die pauschale Leistungsfinanzierung.

3,2 % der Befragten hat die Option „sonstiges" gewählt. Die Aussagen bezogen sich auf die Anpassung der Personalschlüssel auch im Bereich von Leitung, Verwaltung und Beratung. Ein weiterer Eintrag bezog sich auf die engere Zusammenarbeit von Jugendhilfe und Eingliederungshilfe, die auch übergreifende Angebote von Schule, pflegerischem Bedarf und Angebote aus Behinderten- bzw. Eingliederungshilfe betreffen. Dem kontrastierend stand die Aussage gegenüber, dass eine zukünftige klarere Trennung des Bereichs von Bundesteilhabegesetz und inklusivem SGB VIII notwendig ist. Eine weitere Nennung fordert mehr Finanzmittel sowie eine pauschale Finanzierung vor allem im Kontext sozialräumlicher Angebote.

Kommentierung und Relevanz für die Hypothesen

Die deutliche Aussage, dass die derzeitige Finanzierungslogik und -praxis eher als innovationshinderlich angesehen wird, zeigt die Grenze des bestehenden Systems. Damit erhält Hypothese 1 entschieden an Plausibilität. Implizit unterstützt diese Erkenntnis auch Hypothese 2, da durch die aktuelle Finanzierungsstruktur die Verwaltung im Bereich der „Wirtschaftlichen Jugendhilfe" agiert und somit exekutiv die bestehende Finanzierungslogik umsetzt. Eine eindeutige Rolle der „Wirtschaftlichen Jugendhilfe" sowie Grenzen der Finanzierungslogik können aus dem Antwortverhalten auf diese Fragestellung jedoch nur sehr begrenzt abgeleitet werden. So wird nicht beantwortet, in welcher Richtung Innovation erschwert, noch wie Inklusion – dessen begriffliche Fassung bei den Befragten nicht einheitlich ist – durch die bestehenden strukturellen Gegebenheiten in dessen fachlicher Weiterentwicklung eingeschränkt wird. So gibt es bereits in der aktuellen Gesetzeslage die Möglichkeit inklusiv zu arbeiten (vgl. §§ 27 Abs. 3, 35a Abs. 3 SGB VIII und die gemeinsame Erbringung von Leistungen von §§ 27 ff. SGB VIII mit §§ 99 ff. SGB IX, vgl. Ulrich 2021, o. S.).

Auch die „Gatekeeper-Funktion" der „Wirtschaftlichen Jugendhilfe" wird in gewisser Weise durch das vorliegende Antwortverhalten unterstrichen. Indem Innovation und Inklusion immer auch mit einer Kostenausweitung verbunden sind, liegt der Schluss nahe, dass die verwaltungstechnische Seite des Jugendamtes entsprechend als Innovationsbremser interpretiert werden kann.

Die Aussage zum Status quo wird durch Frage 21 ergänzt, um zu konturieren, welcher Instrumente sich die Kinder- und Jugendhilfe bedienen sollte, damit sie eine inklusive Leistungserbringung sowohl strukturell als auch individuell fallbezogen bewerkstelligen kann. Herauszuheben sind dabei die hohen Werte bei individueller Zusatzleistung und der Kombination unterschiedlicher

Hilfen. Diese beiden Antwortmöglichkeiten weisen auf bereits bestehende Arrangements hin, wie sich Hilfen individualisieren lassen. Die Ausgestaltung in den Ländern differiert zwar je nachdem, ob ein Rahmenvertag vorhanden ist oder nicht, grundsätzlich sprechen diese Antworten allerdings eher gegen Hypothese 1. Die Aussagen können in die Richtung interpretiert werden, dass bestehende Spielräume entsprechend besser genutzt werden sollten und es durchaus noch Potential zur systemimmanenten Verbesserung gibt.

Auch die Angabe der schnelleren Prozesse sowie die flexiblen Leistungsvereinbarungen sprechen gegen Hypothese 1, da auch diese auf Instrumentenanpassungen hinweisen, die im bestehenden System der Kinder- und Jugendhilfe vollziehbar sind und sich auf die Effizienzsteigerung in Verwaltungsabläufen beziehen lassen.

Aus Sicht des Autors ist die Nennung der breiteren Auslegung des Fachkräftegebots, das nur zu rund 61 % genannt wird, verwunderlich, da besonders der Fachkräftemangel in der Kinder- und Jugendhilfe als entscheidende Herausforderung für die Aufrechterhaltung von Qualität und Leistungsfähigkeit gesehen wird (vgl. AGJ 2020, S. 13ff.). Wie bereits oben beschrieben wird auch als Desiderat der Befragung bleiben, welche Professionen die Erweiterung des Fachkräftegebotes umfassen soll, sowie deren Einbindung in multiprofessionelle Teams. Diese Aussage unterstützt Hypothese 4 nur bedingt, da in den meisten Landesrahmenverträgen Vorgaben für Fachkräfte in den Hilfen zur Erziehung vorgehalten werden und so auch dazu beitragen, dass eine Weiterentwicklung nur in einem engen Rahmen dynamisch vorangetrieben werden kann. Auch die vergleichsweise geringe Nennung der Flexibilisierung von Landesrahmenverträgen weist nur bedingt auf die Validität dieser Hypothese hin.

Die Angaben zur pauschalen Leistungsfinanzierung sowie der individuellen Leistungsfinanzierung deuten in ihrem geringen Umfang darauf hin, dass diese nicht als eine gangbare Alternative zur aktuellen Finanzierungssituation gesehen werden. Dies schwächt Hypothese 1 weiter, da diese beiden Antwortmöglichkeiten auf Lösungen hinweisen, welche eine substanzielle Veränderung des aktuellen Leistungssystems bedeuten würden.

Bei der Angabe „sonstiges" wurde die Möglichkeit der freien Nennung von Alternativen gegeben, die durchaus andere Wege der Finanzierungsmöglichkeiten beschreiben. So z. B. eine Modulfinanzierung ähnlich der

Eingliederungshilfen, kleinere Wohngruppen oder flexibel arrangierte Hilfekonstellationen.

Reflektiert man mit diesen Antworten auf die erste Hypothese, so bestätigt sich, dass sich bei der Entwicklung inklusiver Leistungen zunächst keine Denkverbote aufzuerlegen sind, da das bestehende System von den meisten Befragten als eher unflexibel und einengend mit wenig Innovationspotential gesehen wird.

Dieser Fragenkomplex hat somit durchaus ambivalente Ergebnisse im Hinblick auf Hypothese 1 geliefert, welche auf vertiefte Forschungsdesiderata hindeuten und auf eine erweiterte Analyse des Finanzierungssystems weisen.

Fünfter Fragenblock – Qualitative Befragung

Da die qualitative Befragung eine Fülle an Erkenntnisse geliefert hat, soll in der Auswertung eine Auswahl geclusterter Antworten dargestellt und interpretiert werden, welche den quantitativen Teil der Erhebung ergänzen. Dabei wird eine qualitative Inhaltsanalyse durchgeführt, die „manifeste Inhalte durch Kategorisierung herauszuarbeiten" (Döring/Bortz 2015, S. 602) versucht. Die O-Töne der Antwortenden finden sich im Anhang dieser Studie.

Auf Frage 22 haben 49 Personen eine Antwort gegeben. Dabei ist festzustellen, dass sich die Aussagen auf drei Schwerpunkte konzentrieren: 1) Adressat*innenorientierung, 2) Bedarfsgerechtigkeit, 3) Flexibilität.

Diese drei Kategorien sind aufeinander bezogen, werden in den Antworten der Befragten jedoch immer auch in unterschiedlicher Nuancierung verwendet. So wird beispielsweise die Adressat*innenorientierung in Verbindung mit der Bedarfsgerechtigkeit genannt: (Antwort 2) „An Adressat*innen bedarfsmäßig orientiert, nicht Defizit orientiert".

Deutlich wird dabei vor allem, dass sich die Befragten eine insgesamte Flexibilisierung und Individualisierung der Angebote wünschen, die besser auf die einzelne Hilfesituation angepasst werden können. Antwort 38 gibt hierzu einen Hinweis, wie dies konkret in der Praxis aussehen kann: „Mehr Spielraum für Bedarfe des Einzelfalls; Vorschlag: ‚modularer Baukasten' an Angebotsvarianten und -leistungen". In dieser Antwort finden sich auch die genannten drei Schwerpunkte wieder. So könnte der „modulare Baukasten" auf der einen Seite eine Sicherheit in Richtung der öffentlichen Träger geben, dass die Leistungen definiert werden, andererseits aber für die freien Träger genug Flexibilität gewähren, damit den Adressat*innen im individuellen Hilfearrangement bedarfsgerecht entsprochen werden kann.

Insgesamt zeigt sich in den gegebenen Antworten der starke Wunsch nach einer höheren Flexibilisierung von Leistungsbeschreibungen, welche für eine inklusive Kinder- und Jugendhilfe mehr noch als bisher schon am Einzelfall orientiert sein sollten. Bezieht man diese Aussagen auf die oben beschriebene Praxis der Leistungsvereinbarungen, würde dies eine höhere Ausdifferenzierung dieser Verträge bedeuten. Die Effizienz eines solchen Vorgehens ist allerdings fraglich. So wurde oben bereits darauf hingewiesen, dass empirische Studien eine negative Kausalität zwischen der Fragmentierung von Leistungen und deren Auswirkung auf die Adressat*innen belegen (vgl. Emanuel 2015, S. 559). Je kleinteiliger ein Prozess somit beschrieben wird, desto unflexibler wird dieser und folglich wird genau der gegenteilige Effekt erzeugt, den man eigentlich herbeiführen will.

Bezogen auf die grundlegende Forschungsfrage dieser Studie, wie sich die Finanzierungsstrukturen inklusiv weiterentwickeln können, ist somit ein Stolperstein identifiziert, der sich in den Leistungsbeschreibungen wiederfindet: Es wird eine höhere Flexibilisierung dieser Verträge und der sich davon ableitenden individuellen Leistungserbringung gewünscht. Dies entspricht auch dem oben ausgeführten Anforderungen an das inklusive Paradigma. Bei dieser Weiterentwicklung ist jedoch genau darauf zu achten, wie konkret die Leistungsbeschreibungen gefasst werden und welchen Raum diese für Ausgestaltung und Dynamisierung der Angebotsstruktur lassen. Antwort 18 fasst dieses Verhältnis treffend zusammen: „Es sollten Mischfinanzierungen möglich sein, bzw. schnelle Absprachen und Einigungen zwischen Jugendämtern und Bezirken, wer die Kosten übernimmt. Ebenso wären flexible, individuelle Zusatzleistungen und pauschal finanzierte Grundversorgungsmodelle eine enorme Erleichterung bei der Entwicklung neuer Angebotspaletten bei einer Minimierung finanzieller Risiken, vor allem bei der Entwicklung von flexiblen Individualangeboten bezüglich dem Vorhalten (sic!) personeller Ressourcen, die am kostenintensivsten sind.“

Eine weitere Facette zum oben entstandenen Bild liefert die letzte Frage des Erhebungsbogens. Mit 48 Antworten kann auch eine Kontur für die mögliche Weiterentwicklung der Entgeltvereinbarungen geschärft werden. Auch hier können drei Schwerpunktkategorien gebildet werden 1) Transparenz, 2) Bedarfsgerechtigkeit, 3) Flexibilität.

Da sich die Entgeltvereinbarungen an den leistungsbezogenen Verträgen und der Qualität der Angebotsgestaltung bemessen, ist es kongruent, dass sich die Befragten auch bei Frage 23 ähnlich zur Frage 22 verhalten. Besonders die transparente Bildung von angemessenen Entgelten und der daraus folgenden Deckung aller entstehender Kosten steht bei den Antworten im Mittelpunkt. Weiterhin spiegelt sich die Notwendigkeit der Bedarfsdeckung von anfallenden Kosten in den Aussagen wider. Auch die Feststellung, dass die Flexibilität in den Vereinbarungen zum Entgelt einen wichtigen Stellenwert einnehmen sollte, ist in den Antworten deutlich herauszulesen, sodass sich im Anschluss an diese Analyse wiederum die Frage danach stellen lässt, inwiefern eine solche Flexibilisierung von Entgeltvereinbarungen zu bewerkstelligen ist.

Aus den getroffenen Aussagen der Befragten zeigt sich eine gewisse Affinität zu einem „Baukastenprinzip". So beispielsweise in Antwort 42: „Flexible Bausteine zum hinzubuchen, um individuellen Bedürfnissen gerecht werden zu können." Oder in Antwort 1: „Als Modulpläne. Eltern und Jugendamt können genau die Module buchen, die für ihr Kind passend sind. Es können jederzeit Module zugebucht und abgewählt werden. Festlegung in den Hilfeplangesprächen. Das Modul ‚Grundversorgung' wird als Pauschale verrechnet."

Im Anschluss an die beiden explorativ gestellten Fragen ergeben sich einige Hinweise, an die im Folgenden angeknüpft werden kann, um daran Konturen zur Beantwortung der Forschungsfrage dieser Studie nachzuzeichnen:

(1) Bei den Befragten steht implizit die unter Kapitel 2 postulierte Subjektzentrierung des inklusiven Paradigmas als Sinnhorizont im Hintergrund, die sich in der eingeforderten Adressat*innenorientierung und der Bedarfsgerechtigkeit niederschlägt.

(2) Es wird eine deutliche Flexibilisierung sowohl in der Angebotsgestaltung als auch in den Entgelten als notwendig angesehen, damit die steigenden Bedarfe auch adäquat gedeckt werden können.

(3) In den Antworten spiegelt sich die Affinität zu modularen Bausteinlösungen wider, welche sich anhand von Basis- und Zusatzmodulen kombinieren lassen können und als Angebotsmatrix eine bedarfs- sowie leistungsadäquate Angebotsstruktur und -vergütung gewährleisten sollen.

5 Diskussion der Ergebnisse: Inklusion in den Erziehungshilfen – Ansatzpunkte für die praktische Weiterentwicklung

In einem abschließenden Dreischritt werden die unterschiedlichen Stränge dieser Studie zusammengebunden und vor dem Kontext der Ergebnisse der empirischen Untersuchung reflektiert. Zunächst wird dazu auf die entwickelten Hypothesen geblickt, um Ansatzpunkte zur inklusiven Weiterentwicklung der Hilfen zur Erziehung herauszustellen. Anschließend wird auf den im ersten Kapitel dargestellten Horizont kapitalismuskritischen Denkens reflektiert, um schließlich im dritten Abschnitt Hinweise auf die Leitplanken inklusiver Finanzierungsstrukturen zu identifizieren.

5.1 Plausibilität der Hypothesen und Anschlussfragen – Ansatzpunkte für inklusive Hilfestrukturen

Hypothese 1 stellt in deren Aussage die in Frage stehende Möglichkeit der Weiterentwicklung des bestehenden Systems in den Mittelpunkt. Aus den Daten der Befragung erhält diese Hypothese nur bedingt Unterstützung. So wird zwar – wie auch aus der theoretischen Grundlegung im Zwischenfazit hergeleitet – das Wahrnehmen und Anerkennen individueller und vielschichtiger Bedarfslagen durch die Befragten unterstrichen, ebenso wie die damit einhergehende Komplexitätsausweitung für die Leistungserbringer. Die Begegnung dieser Herausforderung allerdings wird von den Befragten in einer systemimmanenten Verbesserung der aktuellen Handlungsweisen gesehen, die das etablierte Finanzierungssystem nicht grundlegend in Frage stellen.

Ebenso weisen auch die Antworten der qualitativen Fragen am Ende des Fragebogens auf systemimmanente Strategien hin, welche die etablierte Logik der Leistungsfinanzierung nicht grundsätzlich hinterfragen.

Daraus folgt m. E. der Schluss, dass die im zweiten Kapitel postulierte revolutionäre Kraft des Inklusionsparadigmas auch innerhalb des bestehenden Systems entfaltet werden kann, ohne dieses auf eine vollkommen neue Basis zu stellen. Durch eine Änderung der Blickrichtung – auf den individuellen Hilfebedarf – können die Grenzen des Systems verschoben und ausgeweitet werden. Darauf deuten auch die in der Befragung gegebenen Antworten hin, welche sich auf die Optimierung von Leistungserbringungsprozessen beziehen und somit auf eine Verbesserung der Effektivität und Effizienz des aktuellen Systems hinweisen. Das KJSG geht beispielsweise in § 27 Abs. 2 einen solchen Schritt, durch welchen nun unterschiedliche Hilfen kombiniert werden können.

Hypothese 2 fokussiert mit dem Bereich der „Wirtschaftlichen Jugendhilfe" auf ein Verwaltungselement der Kinder- und Jugendhilfe, die in ihrer Rolle als Steuerungsinstanz nach Ansicht der Befragten zur Verschlechterung der Leistungen sowie der Qualität der Leistungserbringung beiträgt. Diese in der Studie als „Gatekeeperfunktion" definierte Rolle kann folglich tatsächlich konstatiert werden. Da es allerdings in der Forschung keine empirischen Untersuchungen zum Zusammenspiel von „Wirtschaftlicher Jugendhilfe" und fachlicher Jugendhilfe in den öffentlichen wie freien Trägern gibt, ist mit *Hypothese 2* nur ein erstes Indiz dafür gefunden, dass an dieser Stelle durchaus Möglichkeiten von Effizienz- und Effektivitätssteigerungen in der Leistungserbringung gegeben sind.

Hypothese 3: Mit Blick auf die größeren Rahmenbedingungen stellt die durchgeführte Befragung fest, dass die bestehenden Landesrahmenverträge einen Hemmschuh für die inklusive Weiterentwicklung der Hilfen zur Erziehung darstellen. Die Wahrnehmung der Befragten ist deutlich: Innovation wird durch landesrechtliche Vorgaben eingeschränkt, was sich vor allem auf das in einem breiteren Leistungsspektrum notwendige Personaltableau auswirkt. Folglich ist aus der Befragung abzuleiten, dass die Landesrahmenverträge eine Stellschraube sind, die gelockert werden müsste, damit inklusive Leistungserbringung ermöglicht werden kann.

Ein weiterer Hebel zur inklusiven Infrastrukturentwicklung, welche die Bedingung der Möglichkeit inklusiver Leistungserbringung und die entsprechende Refinanzierung dieser bewerkstelligen kann, ist die in *Hypothese 4* untersuchte Jugendhilfeplanung. Insbesondere die Wichtigkeit für die Angebotsgestaltung auf den unterschiedlichsten Ebenen deutet auf das Potential dieses Instrumentes der öffentlichen Jugendhilfe hin. Vergleicht man die

Ergebnisse allerdings mit den neuesten empirischen Daten zur Jugendhilfeplanung aus Sicht der öffentlichen Träger (vgl. ISA 2021), sind die Wahrnehmungen der Beteiligungsgüte – sprich: der Grad an Beteiligung – bei öffentlichen und freien Trägern durchaus unterschiedlich. *Hypothese 4* erhielt durch die Befragung deutliche Unterstützung.

Aus der quantitativen Erhebung können für die Forschungsfrage somit folgende Erkenntnisse gefolgert und Ergebnisse festgehalten werden: Durch eine effizientere Nutzung der bestehenden Instrumente und eine bessere Zusammenarbeit der Institutionen sowie Professionen in der Jugendhilfeinfrastruktur können die Rahmenbedingungen der Finanzierung und Leistungserbringung für eine inklusive Angebotspallette hergestellt werden. Instrumente dazu können sein:

- Die bessere Integration und Vernetzung der „Wirtschaftlichen Jugendhilfe" mit den fachlich handelnden Institutionen
- Neuausrichtung der Landesrahmenverträge hin auf eine flexiblere und individualisierte Leistungserbringung
- Nutzung der Jugendhilfeplanung als Instrument für den Ausbau einer sozialräumlichen inklusiven Kinder- und Jugendhilfeinfrastruktur.

5.2 Pädagogische Notwendigkeiten vor finanziellen Zweckrationalitäten

Zu Beginn der Studie wurde ein kapitalismuskritischer Horizont aufgespannt, den es am Ende nochmals einzuholen gilt. So wurde mehr implizit als explizit deutlich, dass durch die soziologische Grundlegung des inklusiven Paradigmas dem Leistungsprimat des neokapitalistischen Grundgedankens widersprochen wird.

Das Individuum, seien es nun die Adressat*innen oder die Hilfeleistenden, steht in Autonomie gegenüber und in gleichzeitiger Interdependenz verflochten mit dem System der Kinder- und Jugendhilfe. Bricht sich dieser kapitalismuskritische Blick nun im Prisma der rechtlichen und fachlichen Kommunikationsweisen, so ergibt sich ein Dilemma, welches sich auch in den Ergebnissen der Befragung widerspiegelt: Eine völlige „Dekapitalisierung" der Kinder- und Jugendhilfe ist nicht möglich, obgleich „[a]us sozialpädagogischer Sicht [...] die Eingebundenheit der Hilfe zur Erziehung in sozialstaatliche und sozialrechtliche Kontexte ein[en] strukturelle[n] Widerspruch zur pädagogischen Freiheit und Offenheit" (Emanuel 2015, S. 479) darstellt. Ein weiteres Spannungsfeld, das in dieser Studie nicht explizit zur Sprache kam, allerdings einer Untersuchung vor dem aufgestellten inklusiven Paradigma lohnen würde, ist „die Eingebundenheit in organisationale Kontexte, die zunehmend einer betriebswirtschaftlichen Neuordnung unterliegen" (Emanuel 2015, S. 479).

Durch das konsequent sich entfaltende inklusive Paradigma und dessen Anwendung auf den Hilfekontext ist die Verknüpfung der sozialpädagogischen Leistungserbringung noch enger an eine adressat*innenorientierte und bedarfsgerechte Leistungserbringung gekoppelt (vgl. Messmer 2007, S. 16). Reflektiert man den dargestellten Sachverhalt auf die Antworten der durchgeführten Befragung, wird dies auch unterstrichen. Eine individuelle, bedarfsgerechte und inklusive Leistungserbringung erfordert einen starken partizipativen und dialogischen Charakter derselben. „Tatsächlich ist die Kinder- und Jugendhilfe in nahezu allen Bereichen sozialstaatlicher Leistungserbringung verstärkt dem Diktat eines fiskalpolitischen Sparzwangs ausgesetzt" (Messmer 2007, S. 17). Dies führt dazu, dass die begrenzten Ressourcen des Staates, der die Leistungen der Kinder- und Jugendhilfe zum überwiegenden Teil refinanziert, in Spannung zu den pädagogisch als notwendig erachteten Angeboten und Leistungen stehen.

Eines Spannungsverhältnisses gilt es sich dabei immer bewusst zu werden: Auf der einen Seite will der Sozialstaat seinen Bürger*innen ein hohes Maß an Teilhabe ermöglichen – und muss dies auch tun – andererseits hat der Einfluss neoliberal-kapitalistischer Marktlogik den sozialen Sektor fest im Griff. Daraus resultiert, dass sozialstaatliche Leistungen oft nicht nach deren langfristigen (positiven oder negativen) Effekten befragt werden, sondern nur nach deren kurzfristigen Kosten – die am besten so gering wie möglich sein sollten (vgl. Wiesner 2016, 1270). Dies wurde auch in der Befragung unterstrichen.

Macht man sich diese Ressourcenallokation bewusst, die der Staat effizient steuern muss (vgl. Emanuel 2015, S. 478), wird deutlich, dass sich die Institutionen der Hilfen zur Erziehung und damit die in diesen funktionalen Systemen agierenden Individuen, vor einem Dilemma befinden: Einerseits bedarf es betriebswirtschaftlicher Instrumente, damit die zur Verfügung stehenden Mittel effizient eingesetzt werden können, andererseits verpflichtet man sich damit gewissen Marktmechanismen, welche „Wettbewerb, Markt und Kontraktmanagement" (Messmer 2007, S. 19) als zentrale Steuerungselemente in die sozialpädagogische Leistungserbringung einführen.

Diesem Dilemma ist nur mit einer komplexen Herangehensweise in gemeinsamer Verantwortung von öffentlichen und freien Trägern, Politik und Verbänden zu begegnen, die wiederum einer völligen Unterwerfung des Bereiches der Kinder- und Jugendhilfe unter die neokapitalistische Logik einen Riegel vorschiebt: Solange die Zugangsvoraussetzungen zum Markt der Kinder- und Jugendhilfe durch Brandmauern wie die Betriebserlaubnis (§ 45 SGB VIII) hoch angesetzt werden und sich die strukturelle Beteiligung von Adressat*innen durch das KJSG weiterentwickelt, ist dies gegeben. Zumal eine reine Steuerung durch den Staat, welche die Alternative zum reinen Marktgeschehen ist, zu Ineffizienzen und damit zu einem Qualitätsverlust für die Adressat*innen führt (vgl. Emanuel 2015, S. 366).

Was das eigentlich Revolutionäre des inklusiven Paradigmas ist, betrifft somit die Haltung der einzelnen Akteur*innen: Wenn wirklich das Subjekt im Mittelpunkt steht und Ziel der Hilfeleistung die Autonomie bei Bewusstwerden der Interdependenz desselben ist, wird das Primat der Leistungsoptimierung des neoliberalen Kapitalismus durch eine Haltung der gesellschaftlichen Teilhabe und Teilgabe ersetzt. Diese sieht Leistung und Finanzkraft nicht als Selbstzwecke, sondern – aristotelisch gedacht – als Mittel zum Zweck eines guten Lebens für alle an. Das bedeutet explizit nicht, dass die Last somit auf die einzelnen Mitarbeitenden verteilt wird. Es muss organisationale Rahmungen geben, die eine Kultivierung dieser Haltungen unterstützt. Dies wird im nächsten Punkt deutlich.

5.3 Stellschrauben für inklusive Leistungserbringung – Strukturen hinterfragen und weiterdenken

Die Umsetzung der „Inklusiven Lösung“ im SGB VIII wird in den nächsten Jahren die wesentliche Herausforderung für öffentliche wie freie Träger darstellen. Aus der durchgeführten Studie lassen sich im Wesentlichen drei Stellschrauben für die Strukturen der Finanzierung ableiten:

1.) Ausbau von Kooperationsstrukturen in Bund, Ländern und Kommunen

Die Analyse der Ausgangslage sowie die auf dieser basierenden Befragung haben deutlich gemacht, dass es zukünftig einer engeren Kooperation auf allen Ebenen bedarf. In den Kommunen gilt es neben den etablierten Stakeholdern der Kinder- und Jugendhilfe auch die durch das KJSG neu hinzukommenden Selbstvertretungen (vgl. § 4a SGB VIII) in die bewährten Prozesse einzubeziehen. Vor allem die Jugendhilfeplanung aber auch die

AG nach § 78 SGB VII als auch die Jugendhilfeausschüsse sind hierfür zu stärken und wirklich partizipativ im Sinne des oben konstruierten inklusiven Paradigmas weiterzuentwickeln. Die vorliegende Studie hat deutlich gezeigt, dass die Kooperation als Schlüssel für eine effektive und effiziente Leistungserbringung weiter ausgebaut werden muss. Dieser Befund wird unter anderem auch von Hinken (vgl. Hinken 2019, S. 188) sowie Epkenhans-Behr (vgl. Epkenhans-Behr 2016, S. 401 f.) unterstrichen.

Zudem gilt es die Sozialplanung und weitere Sozialleistungsträger sowie Schulen mit in den Prozess der sozialräumlichen interdisziplinären Vernetzung hineinzunehmen, damit auch hier bei Zuständigkeitsübergängen keine qualitativen und finanziellen Reibungsverluste auf Kosten der Adressat*innen auftreten. Dies würde der konsequenten Umsetzung der novellierten §§ 36 ff. entsprechen, die auch auf individueller Leistungsebene die verschiedenen Planungs- und Hilfesettings enger vernetzen (vgl. Hollweg/Kieslinger 2021, S. 17).

Weiterhin sind die festgestellten Forschungsdesiderata im Hinblick auf „Wirtschaftliche Jugendhilfe" zu beseitigen und in den Fokus organisationswissenschaftlichen Arbeitens zu stellen, um das Potential einer verbesserten Verteilung der begrenzten finanziellen Ressourcen langfristig zu gewährleisten.

Auf Länderebene ist unter Beteiligung der verschiedenen Vertreter*innen die Umsetzung des KJSG durch die Ausführungsgesetze der Länder anzustreben, welche flexiblere Rahmenverträge insbesondere im Hinblick auf die Auslegung des Fachkräftegebots nach § 72 SGB VIII anbelangt.

Neben gemeinsamen Strukturen auf kommunaler und Länderebene ist ein umfassender Prozess auf Bundesebene anzustoßen, der neue innovative Wege eröffnet, die nicht nur systemimmanent, sondern auch systemkritisch die Leistungserbringung in Frage stellen und neue Ansätze aufzeigen, um wirklich inklusiv zu arbeiten.

Diesen Prozess hat der Gesetzgeber selbst vorgeschlagen, wobei „mit der Begleitung und Untersuchung des Umsetzungsprozesses [...] unmittelbar mit Inkrafttreten des Gesetzes zu beginnen [ist, *Anm. DK*], um möglichst frühzeitig Erkenntnisse für den weiteren Prozess zu erlangen." (BMFSFJ 2020, S. 119) Den gordischen Knoten, den es in den nächsten Jahren zu durchschlagen gilt, legt sich somit um den Fragenkomplex, welcher institutionellen Komposition es aus marktlicher, staatlicher und gesellschaftlicher

Steuerung bedarf, um für alle jungen Menschen das bestmögliche Umfeld zu schaffen und echte Teilhabe und auch Teilgabe zu ermöglichen. Das Gebot der Wirtschaftlichkeit bezieht sich damit auf den effizienten Einsatz von Mitteln, um dieses Ziel effektiv zu erreichen und nicht so sehr auf die Höhe der Ausgaben.

2) Intensive Diskussion um Kosten einer inklusiven Kinder- und Jugendhilfe

Im Kontext des Kinder- und Jugendstärkungsgesetzes wird die Diskussion um (Mehr-)Kosten im Moment, so zumindest die Wahrnehmung des Autors dieser Studie, immer nur in zweiter Instanz und eher unkonkret geführt.

Die Kontroversen entflammen vielmehr entlang der oben dargestellten fachlichen Spannungsfelder und weiterer organisatorischer Fragen, wie der Einführung von Verfahrenslots*innen (§ 10b SGB VIII) sowie nicht zuletzt um das fachliche Mit- und Zueinander von Kinder- und Jugendhilfe sowie Eingliederungshilfe.

Jenseits dieser fachlichen Debatten steht allerdings fest, dass die „inklusive Lösung" im Jahr 2028 kommt; nur das „Wie" wird sich in den nächsten Jahren zeigen müssen. Die Wirkmächtigkeit des „Wie" in der Konsequenz für die jungen Menschen wird sich an der Frage von Effektivität und Effizienz der Angebote der Kinder- und Jugendhilfe entscheiden. Dieses Verhältnis ist dynamisch und wird gesellschaftlich ausgehandelt: Welche Ziele sollen durch die Maßnahmen erreicht werden und wie sind diese mit dem optimalen Einsatz von Personal-, Zeit-, und Geldressourcen zu erreichen? Der Bedarf der Kinder, Jugendlichen und jungen Erwachsenen ist dabei der Maßstab für die zur Verfügung zu stellenden Mittel und hat immer Vorrang vor kurzsichtigen wirtschaftlichen Erwägungen.

Zur Beantwortung dieses „Wie" gilt es sich also bis 2027 – zur Verkündigung des neuen Bundesgesetzes – auch über die Finanzierungsstrukturen von Leistungen klar zu werden, die sich auf fachlicher Ebene in einem dialogischen Prozess von Politik, Gesellschaft sowie öffentlichen und freien Trägern entwickeln müssen, um subjektzentriert auf die Realisierung der Rechte von Kindern hinzuwirken.

3) Unmittelbare Umsetzung des inklusiven Paradigmas in Leistungs-, Entgelt- und Qualitätsentwicklungsvereinbarungen

Insbesondere die qualitativen Fragen der empirischen Untersuchung zu Leistungs- und Entgeltvereinbarungen haben Leitplanken angedeutet, an denen sich die unmittelbare Umsetzung des novellierten § 79a SGB VIII ausrichten sollte. Insbesondere sind die Entgeltvereinbarungen, welchen die Leistungsvereinbarungen zugrunde liegen, so zu gestalten, dass sie adressat*innenorientiert sind, Flexibilität zulassen und bedarfsgerecht im Hinblick auf die sich komplex gestaltende Hilfeerbringung ausrichten lassen. Für die öffentliche Jugendhilfe ergäbe sich damit die bessere Verteilung knapper Ressourcen, für die freien Träger eine wirtschaftliche Sicherheit und bedarfsgerechte Entlohnung erbrachter Leistungen. Modellhaft ist damit auch zu erproben, wie eine gemeinsame Leistungserbringung von SGB VIII Leistungen und SGB IX Leistungen unter dem Dach der Kinder- und Jugendhilfe zu erbringen sind. Diese ist bereits an verschiedenen Stellen möglich und gibt Einrichtungen beispielsweise das Recht Betriebserlaubnisse sowohl nach § 45 SGB VIII als auch nach § 124 SGB IX zu beantragen. Das Einhegen des inklusiven Grundparadigmas kann folglich bereits jetzt in Einrichtungen der Kinder- und Jugendhilfe Anwendung finden.

Die Konzeptions- sowie Organisationshoheit des freien Trägers (vgl. Ulrich 2021, S. 9) ermöglicht es, innovative Konzepte zu entwickeln. Die Refinanzierung dieser Leistungen muss sich dann daran bemessen lassen, inwiefern das eingesetzte Geld der öffentlichen Hand zweckmäßig dem Ziel des inklusiven Paradigmas – Teilhabe und Teilgabe für alle jungen Menschen – dient.

Für eine zielführende Weiterentwicklung der Finanzierung inklusiver Leistungen sind somit abschließend folgende Orientierungspunkte zu beachten, an denen sich in den kommenden Jahren die Finanzierungs- und Leistungsstrukturen der Hilfen zur Erziehung auszurichten haben:

- Die durch § 27 Abs. 2 SGB VIII nun mögliche Kombination unterschiedlicher Hilfen sowie die bereits vor dem KJSG in § 35a Abs. 3 SGB VIII mögliche gemeinsame Leistungserbringung bei Teilhabe- und Erziehungshilfebedarf ist systematisch in Konzeptionen zu übertragen, die sich in Leistungs-, Entgelt- und Qualitätsentwicklungsvereinbarungen niederschlagen müssen.
- Flexible Zusatzleistungen sind in der Weise vertraglich zwischen dem öffentlichen und freien Träger zu ermöglichen, dass sie sowohl was die Adressat*innen betrifft, als auch was die wirtschaftliche Leistungserbringung angeht, bedarfsgerecht in Anspruch genommen werden können.

- Eine intensivere und bessere Kooperation zwischen allen Stakeholdern der Sozialleistungslandschaft sowie der Schule und dem Sozialraum ist zu forcieren, damit die eingesetzten Mittel effektiv und effizient ihre Wirkung entfalten können.

Im weiteren Verlauf der Implementierung der Inklusiven Lösung im SGB VIII gilt es, die fachlichen und finanziellen Grundlagen in konkrete Konzeptionen, Personalbemessungen, Musterkalkulationen und strukturell-organisationale Handlungsweisen zu übersetzen. Die notwendigen Instrumente liegen bereit, die offenen Fragen sind gestellt und die Hürden benannt. Das Heft des Handelns liegt in den Händen der Akteure der Kinder- und Jugendhilfe. Nun müssen Politik, öffentliche und freie Träge sowie Gesellschaft mutige Schritte gehen, um für alle jungen Menschen die bestmögliche Zukunft zu gestalten.

Literaturverzeichnis

Ader, Sabine (2021a): Fallverstehen und sozialpädagogische Diagnostik – Welche Fragen, Perspektiven und Aufgaben zeigen sich auf dem Weg zu einer inklusiven Hilfeplanung? In: Hollweg, Carolyn/Kieslinger, Daniel (Hg.): Hilfeplanung inklusiv gedacht. Ansätze, Praktiken, Konzepte. Freiburg i. Brsg.: Lambertus, S. 226–251.

Ader, Sabine (2021b): Analytischer „Scharfsinn" und geschulte Intuition im Dialog. In: Sozial Extra 4/2021, S. 245–250. Online abrufbar unter: Analytischer „Scharfsinn" und geschulte Intuition im Dialog | SpringerLink (zuletzt abgerufen am 10.10.2021).

Arbeitsgemeinschaft für Kinder und Jugendhilfe AGJ (2021): Kurz vor dem Zieleinlauf – Weiterentwicklungschancen im SGB VIII nutzen. Stellungnahme zum KJSG-Reg-E 2020 der Arbeitsgemeinschaft für Kinder- und Jugendhilfe, Berlin: Onlinepublikation. Online abrufbar unter: www.agj.de/fileadmin/files/positionen/2021/AGJ_StN_KJSG-RegE_Kurz_vor_dem_Zieleinlauf.pdf (zuletzt abgerufen am 23.03.2021).

Arbeitsgemeinschaft für Kinder und Jugendhilfe AGJ (2018): Teilhabe: ein zentraler Begriff für die Kinder- und Jugendhilfe und für eine offene und freie Gesellschaft. Positionspapier der Arbeitsgemeinschaft für Kinder- und Jugendhilfe, Berlin: Onlinepublikation.Online abrufbar unter: www.agj.de/fileadmin/files/positionen/2018/Teilhabe_ein_zentraler_Begriff_f%C3%BCr_die_Kinder_und_Jugendhilfe.pdf (zuletzt aufgerufen am 23.03.2021).

Arbeitsgemeinschaft für Kinder und Jugendhilfe AGJ (2013): Die Förderung von Infrastrukturleistungen in der Kinder- und Jugendhilfe stärken. Positionspapier der Arbeitsgemeinschaft für Kinder- und Jugendhilfe, Berlin: Onlinepublikation. Online abrufbar unter: www.agj.de/fileadmin/files/positionen/2012/Foerderung_Infrastrukturleistungen__2_.pdf (zuletzt abgerufen am 20.10.2021).

Aichele, Valentin (2008): Die UN-Behindertenrechtskonvention und ihr Fakultativprotokoll: ein Beitrag zur Ratifikationsdebatte. (Policy Paper/Deutsches Institut für Menschenrechte, 9). Berlin: Deutsches Institut für Menschenrechte.

Baraldi, Claudio/Corsi, Giancarlo/Espstito, Elena (2021): Unlocking Luhmann. A Keyword Introduction to Systems Theory. Bielefeld: University Press.

Beckmann, Janna/Lohse, Katharina (2021): SGB VIII-Reform: Überblick über das Kinder- und Jugendstärkungsgesetz. Heidelberg: Deutsches Institut für Jugendhilfe und Familienrecht. Online abrufbar unter: www.dijuf.de/files/downloads/2021/Beckmann_Lohse_%C3%9Cberblick_SGB%20VIII-Reform_KJSG_Aktualisierung%20von%20JAmt%202021_178.pdf (zuletzt abgerufen am 17.11.2021).

Bernzen, Christian/Grube, Christian/Sitzler Rebekka (2018): Einleitung. In: Dies.: Leistungs- und Entgeltvereinbarungen in der Sozialwirtschaft. Regulierungsinstrumente in der Eingliederungshilfe und der Kinder- und Jugendhilfe. Baden-Baden: Nomos, S. 23–39.

Bundesministerium für Familie, Senioren, Frauen und Jugend, BMFSFJ (2020): Entwurf eines Gesetzes zur Stärkung von Kindern und Jugendlichen (KJSG) (BT Drucksache 5/13 2020). Online abrufbar unter: https://dip21.bundestag.de/dip21/btd/19/261/1926107.pdf (zuletzt abgerufen am 23.03.2021).

Bundesministerium für Familie, Senioren, Frauen und Jugend (2009): 13. Kinder- und Jugendbericht Berlin. Online abrufbar unter: www.bmfsfj.de/resource/blob/93144/f5f2144cfc504efbc6574af8a1f30455/13-kinder-jugendbericht-data.pdf (zuletzt abgerufen am 14.10.2021).

Boban, Ines/Hinz, Andreas (Hg.) (2013): Inklusion und Partizipation – Herausforderungen für Schule. Theoretische Analysen, methodische Überlegungen, praktische Beispiele. Weinheim/Basel: Beltz Juventa.

Böllert, Karin (2018): Einleitung: Kinder- und Jugendhilfe – Entwicklungen und Herausforderungen einer unübersichtlichen sozialen Infrastruktur. In: Böllert, Karin (Hg.): Kompendium Kinder- und Jugendhilfe. Wiesbaden: Springer VS, S. 3–64.

Bommes, Michael/Scherr, Albert (2012): Soziologie der Sozialen Arbeit. Eine Einführung in Formen und Funktionen organisierter Hilfe. Weinheim: Beltz Juventa, 2. Aufl.

Cohn, Ruth C./Farau, Alfred (1984): Gelebte Geschichte der Psychotherapie: Zwei Perspektiven. Stuttgart: Klett-Cotta.

Dederich, Markus (2020): Inklusion. In: Weiß, Gabriele/Zirfas, Jörg. (Hg.): Handbuch Bildungs- und Erziehungsphilosophie. Wiesbaden: Springer VS.

Dederich, Markus (2015): Zwischen Wertschätzung von Diversität und spezialisierter Intervention – ein behindertenpädagogisches Dilemma im Zeichen der Inklusion. In: Behinderte Menschen 4/2015. S. 27–32.

Dederich, Markus (2009): Behinderung als sozial- und kulturwissenschaftliche Kategorie. In: Dederich, Markus/Jantzen, Wolfgang (Hg.): Behinderung und Anerkennung. Stuttgart: Kohlhammer, S. 15–39.

Döring, Nicola/Bortz, Jürgen (2015): Forschungsmethoden und Evaluation in den Sozial- und Humanwissenschaften. Berlin/Heidelberg: Springer-Verlag, 5. Aufl.

Ellger-Rüttgardt, Sieglind (2016): Inklusion. Vision und Wirklichkeit. Stuttgart: Kohlhammer.

Emanuel, Markus (2015): Die Qualitätsentwicklung in der Kinder- und Jugendhilfe. Eine institutionsökonomische Analyse. Baden-Baden: Nomos.

Epkenhans-Behr, Ina (2016): Beziehungsmuster zwischen Jugendämtern und freien Trägern: Empirische Befunde und ein Erklärungsmodell. Wiesbaden: Springer VS.

Esser, Klaus (2021): Systemsprenger zeigen auf, wo das Jugendhilfesystem reformbedürftig ist. In: Kieslinger, Daniel/Dressel, Marc/Haar, Ralph (Hg.): Systemsprenger*innen. Ressourcenorientierte Ansätze zu einer defizitären Begrifflichkeit. Freiburg i. Brsg.: Lambertus, S. 72–90.

Farazin, Sina (2006): Inklusion/Exklusion. Entwicklungen und Probleme einer systemtheoretischen Unterscheidung. Bielefeld: transcript.

Götsch, Monika/Bliemetsrieder, Sandro (2021): „Systemsprenger*innen" als kapitalistisch durchdrungene Subjektivierungsweise – soziologische und sozialphilosophische Reflexionen der Kinder- und Jugendhilfe. In: Kieslinger, Daniel/Dressel, Marc/Haar, Ralph (Hg.): Systemsprenger*innen. Ressourcenorientierte Ansätze zu einer defizitären Begrifflichkeit. Freiburg i. Brsg.: Lambertus, S. 21–42.

Götsch, Monika (2019): Subjektivierungsweisen in, von und mit Jugendhilfe. Ohne Verlag. Online verfügbar unter: www.bvke.de/cms/contents/bvke.de/medien/dokumente/goetsch-bliemetsried/systemsprenger_innen_fachbeitraege_goetsch_bliemetsrieder.pdf?d=a&f=pdf (zuletzt abgerufen am 8.10.2021).

Gottlieb, Heinz-Dieter (2018): §§78a–f. In: Kunkel, Peter-Christian/Kepert, Jan/Pattar, Andreas K. (Hg.): Sozialgesetzbuch VIII. Kinder- und Jugendhilfe. Lehr und Praxiskommentar. Baden-Baden: Nomos. 7. Aufl., S. 1155–1196.

Graßhoff, Gunther (2021): „Maßanzüge" und „gesprengte Systeme". Die Vermessung der Kinder- und Jugendhilfe aus Sicht der Adressat*innen. In: Franzheld, Tobias/Walther, Andreas (Hg.): »Vermessungen« der Kinder- und Jugendhilfe. Versuch einer Standortbestimmung. Weinheim: Beltz Juventa, S. 174–189.

Graßhoff, Gunther/Hinken, Florian/Sekler, Koralia (2019): Utopie des Planbaren oder Machbarkeit von Jugendhilfeplanung in den Erziehungshilfen. In: AFET-Dialog Erziehungshilfe 2/2019, S. 13–18.

Greenleaf, Robert (1970): The Servant as Leader. South Orange: The Robert K Greenleaf Center.

Grube, Christian (2018): Landesrahmenverträge. In: Bernzen, Christian/Grube, Christian/Sitzler Rebekka (Hg.): Leistungs- und Entgeltvereinbarungen in der Sozialwirtschaft. Regulierungsinstrumente in der Eingliederungshilfe und der Kinder- und Jugendhilfe. Baden-Baden: Nomos, S. 41–51.

Halfar, Bernd (2017): Bedarf. In: Mulot, Ralf/Schmitt, Sabine (Hg.): Fachlexikon der Sozialen Arbeit. Deutscher Verein für Öffentliche und Private Fürsorge. Baden-Baden: Nomos, 8. Aufl., S. 79 f.

Heimlich, Ulrich (2019): Inklusive Pädagogik. Stuttgart: Kohlhammer.

Herrmann, Franz (2018): Jugendhilfeplanung. In: Böllert, Karin (Hg.): Kompendium Kinder- und Jugendhilfe. Wiesbaden: Springer VS, S. 1045–1066.

Herrmann, Franz (2016): Jugendhilfeplanung. In: Schröer, Wolfgang/Struck, Norbert/Wolff, Mechthild (Hg.): Handbuch Kinder- und Jugendhilfe. Weinheim/Basel: Beltz Juventa, S. 1029–1049.

Hinken, Florian (2019): Zusammenarbeit in der Jugendhilfe-Infrastruktur. Freie Träger in und zwischen Jugendhilfeausschüssen, Arbeitsgemeinschaften und Jugendhilfeplanung. Weinheim/Basel: Beltz Juventa.

Hirschauer, Stefan (2014): Un/doing Differences. Die Kontingenz sozialer Zugehörigkeiten. In: Zeitschrift für Soziologie 3/2014, Jg. 43, S. 170–191.

Hollweg, Carolyn/Kieslinger, Daniel/Rück, Florian/ Schröer, Wolfgang (2021): InkluMa – Inklusion durch Mitarbeitende. Eine empirische Erhebung. Freiburg/Hannover: Lambertus. Online verfügbar unter: www.projekt-inklusionjetzt.de/cms/contents/projekt-inklusionjet/medien/dokumente/inkluma-inklusion-du/datenhandbuch_version_dezember_2021.pdf?d=a&f=pdf (zuletzt abgerufen am 6.12.2021).

Hollweg, Carolyn/Kieslinger, Daniel (2020): Das Modellprojekt Inklusion jetzt! Inklusionsorientierte Erziehungshilfe: Perspektiven, Herausforderungen, Lösungsansätze. In: Frühe Kindheit 4/2020, S. 70–73.

Hopmann, Benedikt (2021): Vergewisserungen zum Inklusionsbegriff. In: Hollweg, Carolyn/Kieslinger, Daniel (Hg.): Hilfeplanung inklusiv gedacht. Ansätze, Praktiken, Konzepte. Freiburg i. Brsg.: Lambertus, S. 23–44.

Hopmann, Benedikt/ Schröer, Wolfgang/ Urban-Stahl, Ulrike (2020): SGB VIII-Reform: Quo vadis Hilfe- und Teilhabeplanung mit jungen Menschen und ihren Eltern? In: Das Jugendamt 7–8/2020, S. 338–346.

Hopmann, Benedikt/Rohrmann, Albrecht/Schröer, Wolfgang/Urban-Stahl, Ulrike (2019): Hilfeplanung ist mehr als ein Verfahrensablauf. Ein Plädoyer zur Öffnung der aktuellen Fachdiskussion im Kontext der SGB VIII-Reform. In: neue praxis 2/2019, S. 198–207.

Hopmann, Benedikt (2019): Inklusion in den Erziehungshilfen. Ein capabilities-basierter Inklusionsansatz. Bielefeld: Universität Bielefeld.

Internationale Gesellschaft für erzieherische Hilfen (2020): Bewertungskriterien für eine Reform des SGB VIII aus Sicht der IGfH. Frankfurt a. M.: o. Verlag. Online verfügbar unter: https://igfh.de/sites/default/files/2020-06/IGfH_Bewertungskriterien_SGB_VIII.pdf (zuletzt abgerufen am 12.10.2021).

Internationale Gesellschaft für erzieherische Hilfen (2012): Anhörung bei der Bund-Länder-Arbeitsgruppe zur Inklusion von Kindern und Jugendlichen mit Behinderung, Frankfurt: o. Verlag.

Institut für soziale Arbeit e.V. (ISA) (2021): Jugendhilfeplanung 2020. Schlaglichter einer quantitativen Befragung von Jugendämtern, Münster: o. Verlag. Online verfügbar unter: https://isa-muenster.de/fileadmin/documents/ISA_Zwischenbericht_Jugendhilfeplanung.pdf (zuletzt abgerufen am 7. Oktober 2021).

Kepert, Jan (2021): Rechtsgutachten zum Entwurf des KJSG 2020. In: Projekt Inklusion jetzt! Stellungnahme zum Referentenentwurf eines Gesetzes zur Stärkung von Kindern und Jugendlichen (Kinder- und Jugendstärkungsgesetz – KJSG). Freiburg i. Brsg./Hannover: o. Verlag. Online abrufbar unter: www.projekt-inklusionjetzt.de/cms/contents/projekt-inklusionjet/medien/dokumente/stellungnahme-des-mo/stellungnahme_kjsg_inklusionjetzt_23102020.pdf?d=a&f=pdf (zuletzt abgerufen am 15.11.2021).

Kepert, Jan/Fleckenstein, Jürgen (2014): Der Zahlungsanspruch des freien Trägers für die Erbringung von teil- und vollstationären Leistungen nach SGB VIII im jugendhilferechtlichen Dreiecksverhältnis. In: Das Jugendamt 5/2014, S. 245–249.

Kieslinger, Daniel (2021a): Individuelle Hilfeplanung und Jugendhilfeplanung – Innovationspotenziale für inklusive Erziehungshilfen. In: Hollweg, Carolyn/Kieslinger, Daniel (Hg.): Hilfeplanung inklusiv gedacht. Ansätze, Praktiken, Konzepte. Freiburg i. Brsg.: Lambertus, S. 138–161.

Kieslinger, Daniel (2021b): Der Umgang mit „SystemsprengerInnen“ – Prüfstein für inklusive Erziehungshilfen. In: unsere jugend 6/2021, Jg. 73, S. 278–284.

Klein, Eva (2021): Welchen Beitrag kann die ICF-CY zu einer inklusiven Kinder- und Jugendhilfe leisten? Ein Blick auf Chancen, Grenzen und Erfordernisse. In: Hollweg, Carolyn/Kieslinger, Daniel (Hg.): Hilfeplanung inklusiv gedacht. Ansätze, Praktiken, Konzepte. Freiburg i. Brsg.: Lambertus, S. 212–225.

Kortmann, Bernd (2005): English Linguistics: Essentials, Berlin: Cornelsen.

Kraus, Peter/Fritz, Yvonne (2021): Inklusive Kinder- und Jugendhilfe in der Praxis. Ein Beispiel aus dem AGNES Fördernetzwerk des SkF e. V. Gießen. In: Hollweg, Carolyn/Kieslinger, Daniel (Hg.): Hilfeplanung inklusiv gedacht. Ansätze, Praktiken, Konzepte. Freiburg i. Brsg.: Lambertus, S. 294–309.

Kronauer, Martin (2010): Exklusion. Die Gefährdung des Sozialen im hoch entwickelten Kapitalismus. Frankfurt/New York: Campus Verlag. 2. Aufl.

Kunkel, Peter-Christian/Kepert, Jan/Pattar Andreas (2022): Sozialgesetzbuch VIII. Kinder- und Jugendhilfe. Lehr und Praxiskommentar. 8. Aufl. Baden-Baden: Nomos.

Laloux, Frederic (2016): Reinventing Organizations visuell. Ein illustrierter Leitfaden sinnstiftender Formen der Zusammenarbeit. München: Vahlen.

Laloux, Frederic (2015): Reinventing Organizations. Ein Leitfaden zur Gestaltung sinnstiftender Formen der Zusammenarbeit. München: Vahlen.

Lubitz, Andreas (2018): Das Verhältnis von Vertragsrecht und Zivilrecht und zivilrechtlichen Verträgen zwischen Leistungsanbietern und Bewohnern. In: Bernzen, Christian/Grube, Christian/Sitzler Rebekka (Hg.): Leistungs- und Entgeltvereinbarungen in der Sozialwirtschaft. Regulierungsinstrumente in der Eingliederungshilfe und der Kinder- und Jugendhilfe. Baden-Baden: Nomos, S. 151–157.

Ludwig-Mayerhofer, Wolfgang (2009): Exklusion als soziologisches Konzept. In: sozialersinn, 1/2009 Jg. 10, S. 3–28.

Luhmann, Niklas (1997): Die Gesellschaft der Gesellschaft. Frankfurt a. M.: Suhrkamp.

Luhmann, Niklas (2017): Systemtheorie der Gesellschaft. Frankfurt a. M.: Suhrkamp.

Marquardt, Peter/Trede, Wolfgang (2018): Das zweigliedrige Jugendamt. In: Böllert, Karin (Hg.): Kompendium Kinder- und Jugendhilfe. Wiesbaden: Springer VS, S. 115–130.

Merchel, Joachim (2021): „Inklusive Hilfeplanung“ als Komplexitätsausweitung: Anforderungen zur Organisationsgestaltung und Organisationsentwicklung im ASD. In: Hollweg, Carolyn/Kieslinger, Daniel (Hg.): Hilfeplanung inklusiv gedacht. Ansätze, Praktiken, Konzepte. Freiburg i. Brsg.: Lambertus, S. 212–225.

Messmer, Heinz (2007): Jugendhilfe zwischen Qualität und Kosteneffizienz. Wiesbaden: Verlag für Sozialwissenschaften.

Merton, Robert K. (1995): Soziologische Theorie und soziale Struktur. Berlin: De Gruyter.

Meysen, Thomas/Beckmann Janna/Reiß Daniela/Schindler Gila (2014): Recht der Finanzierung der Kinder- und Jugendhilfe: Rechtlicher Rahmen und Perspektiven im SGB VIII. Baden-Baden: Nomos.

Molnar, Daniela (2021): Klärung und Festlegung von Bedarfen. In: Molnar, Daniela/ Oehme, Andreas/Renker, Anna/Rohrmann, Albrecht: Kategorisierungsarbeit in Hilfen für Kinder und Jugendliche mit und ohne Behinderung. Eine vergleichende Untersuchung. Weinheim: Beltz Juventa, S. 129–152.

Nassehi, Armin (2013): Integration – Inklusion – Verschiedenheit. Einige Begriffsklärungen. In: Hessische Blätter für Volksbildung 1/2013, S. 6–13. Online abrufbar unter: https://elibrary.utb.de/doi/pdf/10.3278/HBV1301W006 (zuletzt abgerufen am 30.09.2021).

Nassehi, Armin (2004a): Die Theorie funktionaler Differenzierung im Horizont ihrer Kritik. In: Zeitschrift für Soziologie 2/2013 Jg. 43, S. 98–118.

Nassehi, Armin (2004b): Inklusion, Exklusion, Ungleichheit. Eine kleine theoretische Skizze. In: Schwinn, Thomas (Hg.): Differenzierung und soziale Ungleichheit. Die zwei Soziologien und ihre Verknüpfung. Frankfurt a. M.: Humanities online 2004, S. 323–352.

Oehme, Andreas/Schröer, Wolfgang (2018): Beeinträchtigung und Inklusion. In: Böllert, Karin (Hg.): Kompendium Kinder und Jugendhilfe. Wiesbaden: Springer VS, 273–290.

Oestereich, Bernd/Schröder, Claudia (2020): Agile Organisationsentwicklung. Handbuch zum Aufbau anpassungsfähiger Organisationen. München: Vahlen.

Peter, Tobias/Waldschmidt, Anne (2017): Inklusion. Genealogie und Dispositivanalyse eines Leitbegriffs der Gegenwart. In: Sport und Gesellschaft 1/2017, Jg. 14, S. 29–53. Online verfügbar unter: https://www.degruyter.com/document/doi/10.1515/sug-2017-0003/html (zuletzt abgerufen am 15.9.2021).

Peters, Friedhelm (2013): Spezialisierung der Erziehungshilfen? Über Gründe und Abgründe der neuen Spezialisierung. In: Forum Erziehungshilfen 3/2013 Jg. 19, S. 151–55.

Pluto, Liane/Schrapper, Christian/Schröer, Wolfgang (2021): Was bewegt die Forschung zur Heimerziehung? Stand und Perspektiven. Ein Positionspapier erstellt im Rahmen der Initiative „Zukunftsforum Heimerziehung" Frankfurt: Zukunftsforum Heimerziehung. Online abrufbar unter: https://transfertagung-heimerziehung.de/projektergebnisse/Positionspapier_Forschung_Heimerziehung_2020.pdf (zuletzt abgerufen am 15.10.2021).

Rohrmann, Albrecht/Ohme, Andreas (2021): Kategorisierungsarbeit in den Hilfen für Kinder und Jugendliche. In: Molnar, Daniela/Oehme, Andreas/Renker, Anna/ Rohrmann, Albrecht (Hg.): Kategorisierungsarbeit in Hilfen für Kinder und Jugendliche mit und ohne Behinderung. Eine vergleichende Untersuchung. Weinheim: Beltz Juventa, S. 168–195.

Rosenow, Roland (2021): Kooperation von Quartiersarbeit und Einzelfallhilfen Möglichkeiten und Verpflichtungen von Eingliederungshilfe und Kinder- und Jugendhilfe. Freiburg i. Brsg.: Lambertus.

Schönecker, Lydia/ Seckinger, Mike/ Eisenhardt, Benita/ Kuhn, Aandreas/ van Driesten, Alexandra/Hahne, Carola/Horn, Johanes/ Strüder, Hanna/ Koch, Josef (2021): Inklusive Weiterentwicklung außerfamiliärer Wohnformen für junge Menschen mit Behinderungen. Online abrufbar unter: https://transfertagung-heimerziehung.de/projektergebnisse/ (zuletzt abgerufen am 10.11.2021).

Schrapper, Christian (2018): Hilfeplanung nach § 36 SGB VIII. In: Böllert, Karin (Hg.): Kompendium Kinder- und Jugendhilfe. Wiesbaden: Springer VS, S. 1029–1044.

Schröer, Wolfgang (2021): „Stärkere Selbstbestimmung durch das KJSG" – Werden die jungen Menschen den Unterschied merken? In: Das Jugendamt 7/8/2021, S. 354–357.

Stahlmann, Martin (2019): Von halbherziger Inklusion zu „stiller Exklusion" oder das stille Leiden der Exklusion. In: unsere jugend 1/2020, S. 35– 41.

Straßburger, Gaby/Rieger, Judith (2014): Bedeutung und Formen der Partizipation – Das Modell der Partizipationspyramide. In: Straßburger, Gaby/Rieger, Judith (Hg.): Partizipation kompakt. Für Studium, Lehre und Praxis sozialer Berufe. Weinheim: Beltz Juventa.

Stein, Petra (2015): Forschungsdesigns für die quantitative Sozialforschung. In: Baur, Nina/Blasius, Jörg (Hg.): Handbuch Methoden der empirischen Sozialforschung. Band 1. Wiesbaden: Springer VS 2. Aufl., S. 125–142.

Tabel, Agathe (2020): Empirische Standortbestimmung der Heimerziehung. Fachwissenschaftliche Analyse von Daten der amtlichen Kinder- und Jugendhilfestatistik. Frankfurt: Zukunftsforum Heimerziehung. Online abrufbar unter: https://igfh.de/sites/default/files/2020-07/Expertise_Statistik_Tabel_2020.pdf (zuletzt abgerufen am 20.10.2021).

Thieme, Nina (2021): Inklusion in der Kinder- und Jugendhilfe. Reflexion zu möglichen Folgen einer inklusiven Neujustierung für die adressierten Kinder und Jugendlichen. In: Franzheld, Tobias/Walther, Andreas (Hg.): »Vermessungen« der Kinder- und Jugendhilfe. Versuch einer Standortbestimmung. Weinheim: Beltz Juventa, S. 58–76.

Tiedeken, Peter (2020): Inklusion und Partizipation. Oder: Von der Unmöglichkeit mitzumachen ohne sich vereinnahmen zu lassen. In: Boban, Ines/Hinz, Andreas (Hg.): Inklusion und Partizipation – Herausforderungen für Schule. Theoretische Analysen, methodische Überlegungen, praktische Beispiele. Weinheim/Basel: Beltz Juventa, S. 18–32.

Tornow, Harald (2019): Extreme und Normalität in der Heimerziehung. In: Baumann, Menno/Oltrop, Anke (Hg.): Bilderflut, die nicht nur Kinoleinwände sprengt… Der Film „Systemsprenger" und seine Geschichten. Hannover: Schöneworth, S. 31–40

Ulrich, Stefanie (2021): Hilfen aus einer Hand – Auswirkungen des KJSG auf die öffentlichen und freien Träger. ohne Ort, ohne. Verlag. Online abrufbar unter: www.projekt-inklusionjetzt.de/cms/contents/projekt-inklusionjet/medien/dokumente/powerpoint-stefanie/bvke_-_inklusion_jetzt.pdf?d=a&f=pdf (zuletzt abgerufen am 20.10.2021).

Wabnitz, Reinhard J. (2018): Kosten- und Entgeltvereinbarungen in der Kinder- und Jugendhilfe. In: Bernzen, Christian/Grube, Christian/Sitzler Rebekka (Hg.): Leistungs- und Entgeltvereinbarungen in der Sozialwirtschaft. Regulierungsinstrumente in der Eingliederungshilfe und der Kinder- und Jugendhilfe. Baden-Baden: Nomos, S. 97–107.

Walgenbach, Katharina (2016): Intersektionalitätsforschung. In: Hedderich, Ingeborg/Biewer, Gottfried/Hollenweger, Judith/Markowetz, Reinhard (Hg.): Handbuch Inklusion und Sonderpädagogik. Bad Heilbrunn: Klinkhardt, S. 650–655.

Weinbach, Hanna (2021): Ein Teil vom Ganzen? Exklusion in der Kinder- und Jugendhilfe. In: Franzheld, Tobias/Walther, Andreas (Hg.): »Vermessungen« der Kinder- und Jugendhilfe. Versuch einer Standortbestimmung. Weinheim: Beltz Juventa, S. 77–95.

Wiesner, Reinhard (2015): §78a–g. In: Ders.: SGB VIII Kinder- und Jugendhilfe. Kommentar. München: C. H. Beck, S. 1350–1400.

Wiesner, Reinhard (2016): Rechtspolitische Herausforderungen der Kinder- und Jugendhilfe. In: Schröer, Wolfgang, Struck, Norbert, Wolff, Mechthild (Hg.): Handbuch Kinder- und Jugendhilfe. Weinheim/Basel: Beltz Juventa, S. 1267–1248.

Wiesner, Reinhard (2018): Leistungsvereinbarungen in der Kinder- und Jugendhilfe. In: Bernzen, Christian/Grube, Christian/Sitzler Rebekka (Hg.): Leistungs- und Entgeltvereinbarungen in der Sozialwirtschaft. Regulierungsinstrumente in der Eingliederungshilfe und der Kinder- und Jugendhilfe. Baden-Baden: Nomos, S. 61–70.

Wiesner, Reinhard/Wapler, Friederike (2022) (Hg.): SGB VIII. Kinder- und Jugendhilfe. Kommentar. 6. Aufl. München: C. H. Beck.

Winkler, Michael (2018): Kritik der Inklusion. Am Ende eine(r) Illusion. Stuttgart: Kohlhammer.

Wright, Michael T. (2010): Partizipative Qualitätsentwicklung in der Gesundheitsförderung und Prävention. Bern: Huber.

Onlinequellen

Bundesgesetzblatt 2021 I 1444: www.bgbl.de/xaver/bgbl/start.xav?start=//*[@attr_id=%27bgbl121s1810.pdf%27] - __bgbl__%2F%2F*%5B%40attr_id%3D%27bgbl121s1810.pdf%27%5D__1637335236031 (zuletzt abgerufen am 12.10.2021).

Freie Hansestadt Bremen: www.amtfuersozialedienste.bremen.de/kind-familie/wirtschaftliche-jugendhilfe-14438 (zuletzt abgerufen am 12.10.2021).

Kommunalverband für Jugend und Soziales Baden-Württemberg: www.kvjs.de/jugend/hilfe-zur-erziehung/wirtschaftliche-jugendhilfe/ (zuletzt abgerufen am 12.10.2021).

Landesjugendamt Rheinland-Pfalz: https://lsjv.rlp.de/fileadmin/lsjv/Dateien/Aufgaben/Kinder_Jugend_Familie/Landesjugendamt/Hilfen_zur_Erziehung/Hilfen_Erziehung_Grundlagen_Kriterien_Betriebserlaubnis.pdf (zuletzt abgerufen am 12.10.2021).

Landesrahmenvertrag Baden-Württemberg: 1rvsgbviiimit-anlage-stand-29042020.pdf (paritaet-bw.de) (zuletzt abgerufen am 12.10.2021).

Oberverwaltungsgericht Berlin-Brandenburg (OVG Berlin-Brandenburg, 25.08.2021 - 6 S 18.21): Landesrechtsportal Brandenburg | Entscheidungsdatenbank der Gerichte in Brandenburg (zuletzt abgerufen am 2.11.2021).

Online abrufbar unter: www.projekt-inklusionjetzt.de/cms/contents/projekt-inklusionjet/medien/dokumente/powerpoint-stefanie/bvke_-_inklusion_jetzt.pdf?d=a&f=pdf (zuletzt abgerufen am 10.10.2021).

Stadt München: https://stadt.muenchen.de/infos/finanziellehilfen-jugendamt.html (zuletzt abgerufen am 12.10.2021).

Statistisches Bundesamt (2020): www.destatis.de/DE/Presse/Pressemitteilungen/2020/12/PD20_504_225.html (zuletzt abgerufen am 7.10.2021)

Statistisches Bundesamt (2021a): www.destatis.de/DE/Presse/Pressemitteilungen/2021/05/PD21_N027_221.html (zuletzt abgerufen am 7.10.2021).

Statistisches Bundesamt (2021b): www.destatis.de/DE/Service/Statistik-Campus/Datenreport/Downloads/datenreport-2021-kap-2.html;jsessionid=CFA52CB407951F388CD140C33E4980D8.live731 (zuletzt abgerufen am 4.11.2021).

Verwaltungsgericht München (BayVGH, B. 24.07.2017): VGH München, Beschluss v. 24.07.2017 – 12 CE 17.704 - Bürgerservice (gesetze-bayern.de) (zuletzt abgerufen am 2.11.2021).

Anlagen

Anlage 1
Fragebogen

Frage 1:
Durch welchen Kostenträger werden Leistungen Ihres Trägers finanziert

- Jugendamt
- Agentur für Arbeit
- Krankenkasse
- Pflegekasse
- Sozialamt
- Projektfinanzierungen (ESF, Glücksspirale, Aktion Mensch o. ä.)
- Sonstiges, und zwar:

Frage 2:
Von meinem Träger werden folgende Leistungen im Bereich der erzieherischen Hilfen angeboten:

- Ambulante Dienste
- Beratende Dienste
- Teilstationäre Dienste
- Stationäre Dienste
- Schulsozialarbeit
- Berufliche Bildung
- Jugendsozialarbeit
- Leistungserbringung nach §35a SGB VIII

Individuelle Leistungserbringung
Inwiefern bewerten Sie folgende Aussagen zur Jugendhilfeplanung (4: Stimme voll zu – 1: Stimme überhaupt nicht zu):

Frage 3:
Die Ablehnung von fachlich gebotenen Leistungen hat dazu geführt, dass im weiteren Hilfeverlauf teurere Maßnahmen durchgeführt werden mussten

Frage 4:
Die Prozesse der Leistungsgewährung erfolgen in den gesetzlich vorgegebenen Zeiträumen

Frage 5:
In der Regel werden notwendige Zusatzkosten vom Kostenträger gewährt

Frage 6:
Der Landesrahmenvertrag (sofern vorhanden) bildet die Bedarfe der Hilfesuchen-den adäquat ab

Frage 7:
Die Höhe der Kosten einer Leistung haben in der Praxis Vorrang vor pädagogischer Notwendigkeit

Die „Wirtschaftliche Jugendhilfe" I
Bewerten Sie folgende Aussagen über die Rolle der wirtschaftlichen Jugendhilfe (1: negativ, 2: eher negativ, 3: eher positiv, 4: positiv)

Frage 8:
Die wirtschaftliche Jugendhilfe beeinflusst die Hilfeplanung…

Frage 9:
Die wirtschaftliche Jugendhilfe beeinflusst Fallentscheidungen im Regelalltag…

Frage 10:
Die wirtschaftliche Jugendhilfe beeinflusst Qualitätsvereinbarungen…

Frage 11:
Die wirtschaftliche Jugendhilfe beeinflusst Entgeltvereinbarungen…

Frage 12:
Die wirtschaftliche Jugendhilfe beeinflusst Leistungsvereinbarungen…

Wirtschaftliche Jugendhilfe II
Inwiefern bewerten Sie folgende Aussagen zur „Wirtschaftlichen Jugendhilfe" (4: Stimme voll zu – 1: Stimme überhaupt nicht zu):

Frage 13:
Die „Wirtschaftliche Jugendhilfe" sollte enger mit der fachlichen Jugendhilfe zusammenarbeiten

Frage 14:
Wirtschaftliche Vorgaben seitens der öffentlichen Träger verbessern die Qualität der Leistungserbringung

Die Jugendhilfeplanung I
Inwiefern bewerten Sie folgende Aussagen zur Jugendhilfeplanung (4: Stimme voll zu – 1: Stimme überhaupt nicht zu):

Frage 15:
Spielt für die Ausgestaltung der Angebotsstruktur meines Trägers eine große Rolle

Frage 16:
Ist ein geeignetes Instrument zur inklusiven Weiterentwicklung der Kinder- und Jugendhilfe

Frage 17:
Ist ein geeignetes Instrument zur inklusiven Weiterentwicklung der Hilfen zur Erziehung

Frage 18:
Ist ein geeignetes Instrument zur inklusiven Weiterentwicklung im Sozialraum

Die Jugendhilfeplanung II
Inwiefern bewerten Sie folgende Aussage zur Jugendhilfeplanung (4: Stimme voll zu – 1: Stimme überhaupt nicht zu):

Frage 19:
Die Leistungserbringer sind ausreichend in die Jugendhilfeplanung eingebunden

Finanzierungslogik

Inwiefern bewerten Sie folgende Aussage zur Finanzierungslogik der Kinder- und Jugendhilfe (4: Stimme voll zu – 1: Stimme überhaupt nicht zu):

Frage 20:
Die derzeitige Finanzierungslogik der öffentlichen Jugendhilfe bietet Raum für Innovation und Inklusion

Frage 21:
Welche (wirtschaftlichen) Rahmenbedingungen braucht eine inklusive Leistungserbringung

- Flexible Landesrahmenverträge
- Flexible Leistungsvereinbarungen
- Pauschale Leistungsfinanzierung
- Individuelle Leistungsfinanzierung
- Schnellere Prozesse
- Flexible Zusatzleistungen
- Kombination unterschiedlicher Hilfen
- Breitere Auslegung des Fachkräftegebots
- Bessere Zusammenarbeit von wirtschaftlicher Jugendhilfe und ASD
- Sonstiges und zwar….

Frage 22:
Wie sollten Leistungsvereinbarungen in einer inklusiven Kinder- und Jugendhilfe gestaltet sein?

Frage 23:
Wie sollten Entgeltvereinbarungen in einer inklusiven Kinder- und Jugendhilfe gestaltet sein?

Anlage 2
Antworten auf die Fragen 22 und 23

An den Antworten wurden keine Veränderungen vorgenommen, sodass etwaige Fehler den Originalausführungen entsprechen.

Antworten zu Frage 22

1	Allumfassend und nicht zu sehr im Klein klein.
2	Am Adressat*innen bedarfsmäßig orientiert, nicht Defizit orientiert. Gesetzbuchübergreifend, leichte Vereinbarkeit von Hilfen für unterschiedliche Bedarfe ausgerichtet.
3	Am Bedarf der Kinder-und Jugendlichen ausgerichtet, nicht pauschal. flexibel, Änderungen berücksichtigend nachhaltig, keine starre Altersbegrenzung.
4	An den Bedarfen der „Bedürftigsten" und am „Worst-Case" orientiert.
5	An den Bedarfen der Kinder, Jugendlichen und jungen Erwachsenen orientiert.
6	An Kindern und Familien orientiert.
7	bedarfsgerecht
8	BESCHREIBUNGEN DER BEDARFE SIND GRUNDLAGE DER LEISTUNGEN
9	Den Aktuellen und zukünftigen bedarfen entsprechend, also zunächst Umfassend und aber auch individuell. Das Raumangebot inkl. der Barierefreiheit sollte erfasst werden. Der Sozialraum unter Berücksichtigung der inklusiven Angebote drumherum.
10	Der Streit zwischen Jugendhilfe und Eingliederungshilfe darf nicht am Verhandlungstisch des Lesitungserbringers Hauptthema sein.
11	Die Bedarfe der Erziehungshilfe UND der behinderungsbedingt besonderen Förderungen müssen beide vollständig abgebildet sein.
12	Die bisher getrennten eprsonengruppen sollen sich weiderfinden, Ausschlusskriterien und Grenzen müssen benannt sein, Anforderungen zur BArrierefreihet (baulich, sprachlich, im Sinne der Teilhabe) müssen aufgenommen sein und sich im Entgelt wiederfinden,personelle MIndestanforderunegn sollen so benannt sein, und mögliche Zusatzleistungen auch mit Stellenanteilen hinterlegt sein, hin zu Semipermeabler Entgeltvereinbarung (wenn....dann).
13	Die Leistungsvereinbarungen bentigen viele Angebote/Möglichkeiten, die bei Bedarf eingesetzt werden können.
14	Differenzierte Beschreibungen, Eingangsphasen mit guter Diagnostik, individueller Hilfebedarf sollte erhoben und abgebildet werden.
15	Es muss Raum für individuelle Lösungen und Ansätze geschaffen werden, die Leistungsvereinbarung darf kein zu enges Korsett sein.

16	Es sollte möglichst oft der Begriff „ kann“ verwendet werden, damit flexibel gestaltet werden kann und bei Bedarf Sonderlösungen gefunden werden können!
17	Es sollten Leistungen der Jugendhilfe, Eingliederungshilfe und Pflege als Komplexleistung kombinierbar sein.
18	Es sollten Mischfinanzierungen möglich sein, bzw. schnelle Absprachen und Einigungen zwischen Jugendämtern und Bezirken, wer die Kosten übernimmt. Ebenso wären flexible, individuelle Zusatzleistungen und pauschal finanzierte Grundversorgungsmodelle eine enorme Erleichterung bei der Entwicklung neuer Angebotspaletten bei einer Minimierung finanzieller Risiken, vor allem bei der Entwicklung von flexiblen Individualangeboten bezüglich dem Vorhalten personeller Ressourcen, die am kostenintensivsten sind.
19	Fachlicher Diskurs und Aushandlungsprozess mit Beteiligung aller Akteure.
20	flexibel
21	Flexibel, im Hinblick auf ein breites Förderspektrum.
22	Flexibel; Ausgerichtet auf die Bedürfnisse der Klienten.
23	Grundlage sollte die fachliche Ausrichtung und der individuelle Bedarf haben, IStrukturelle Rahmenbedingungen müssen ausreichend finanziert werden.
24	Im Dialog erstellt.
25	In enger Zusammenarbeit mit Leistungsträger und Leistungserbringer, flexibel und mit einer vorgegeben Struktur der gegenseitigen Überprüfung.
26	In Projektform.
27	individuell
28	inklusiv
29	Inklusiv und bedarfssorientiert.
30	Inklusiv, partizipativ, fachlich und flexibel.
31	Kein Kommentar.
32	Keine Auschlusskriterien, sondern Beschreibung der Möglichkeiten und der ggfls. begleitenden, ergänzenden Angebote Möglichkeit individueller Hilfen nach Bedarf „unter einem Dach“, so wenig spezialisierung wie möglich.
33	klar und flexibel
34	Kombination verschiedener Hilfen möglich aus einer Hand (= keine unterschiedlichen Kostenträger).
35	Leistungsvereinbarungen sollen überregional und unabhängig vom reginalen Kostenträger erfolgen.

36	Mehr Handlungsraum für die Umsetzung individueller, bedarfsorientierten Hilfen.
37	Mehr Handlungsspielraum für die freien Träger.
38	Mehr Spielraum für Bedarfe des Einzelfalls; Vorschlag: „modularer „Baukasten“ an Angebotsvarianten und -leistungen.
39	Mit so viel Flexibilität, dass individuell auf die Bedarfe der Klient*innen eingegangen werden kann.
40	Neben den Grundleistungen sollte viel Spielraum sein für individuelle Leistungen, die für einen jungen Menschen zusätzlich geleistet werden können.
41	Option eingestreuter Plätze; Kombination unterschiedlicher Leistungen.
42	Partizipativ und auf Augenhöhe.
43	Sie sollten ergänzend Bausteine hinzunehmen, die zusätzliche Möglichkeiten eröffnen um den Kindern und Jugendlichen, bei Gefährdung der Maßnahme, den Verbleib in der Ersteinrichtung sicher zu stellen oder zumindest wahrscheinlicher machen.
44	Sie sollten neben den Angaben zur Regelbetreuung, flexible Bausteine, je nach Beinträchtigung, enthalten.
45	Sie sollten Raum bieten für individuelle Ausgestaltungsmöglichkeiten der Hilfen und personelle Anpassungen.
46	siehe unten
47	Transparent und kongruent.
48	Weg von pauschalen Fachkraftquoten, hin zu individuell fortgebildetem Personal und Personalmix, wie die Gruppe es erfordert. Kleinere Gruppen im stationären Setting. Besetzung mit Doppeldiensten, da, wo es nötig ist (bei bes. herausforderndem Klientel).
49	Zielgruppen- und Leistungsspezifisch mit der Möglichkeit Sonderbedarfe zusätzlich zu begründen und individuelle Bewilligung zu erreichen.

Antworten zu Frage 23

1	Als Modulpläne. Eltern und Jugendamt können genau die Module buchen, die für ihr Kind passend sind. Es können jederzeit Module zugebucht und abgewählt werden. Festlegung in den Hilfeplangesprächen. Das Modul „Grundversorgung“ wird als Pauschale verrechnet.
2	Analog zu dem oben beschriebenen Grundversorgungsmodell (z.B. pauschale Leistungen) mit zusätzlich buchbaren Individualleistungen.
3	angemessen
4	Auf konzeptionelle und inhaltliche Schwerpunkte eingehen.
5	Ausreichender Stellenschlüssel und Multiprofessionelle Ausrichtung.

6	Bedarfs- und altersgerecht.
7	Bedarfsdeckend und auskömmlich incl. von Investkosten Flexible Zusatzbausteine.
8	Berücksichtigung höherer und flexibler Personalschlüssel; größere „Puffer" bei der Berechnung der Tage.
9	Der Streit zwischen Jugendhilfe und Eingliederungshilfe darf nicht am Verhandlungstisch des Lesitungserbringers Hauptthema sein.
10	Die EV sollte die LV widerspiegeln.
11	Dynamisch da die Zielgruppe noch heterogener wird, ggf. 100 % transparente Offenlegung der Trägerkosten und zu diesem dann eine festgelegte „Marge" beispielsweise 2 % oder höher on Top um dem Träger Inverstitionen in die Infrastruktur und PErsonl zu ermöglichen, Anerekennung aller Tarife der Freien Träger ohne Deckelung durch den TVÖD.
12	Eher pauschal mit Hilfebedarfsgruppen.
13	Eine komplette Refinanzierung von allen Kosten, die vorhanden sind.
14	Entgelte sollten sich kurzfristig ändernden Bedingungen anpassen können, z. B. im Falle von Verbesserung oder Verschlechterung des Hilfebedarfs.
15	Es sollte auf der Grundlage einer abgestimmten Leistungsvereinbarung geschehen, Investkosten und Rahmenstruktur muss ausreichend finanziert werden, Individuelle Bedarfe müssen abgebildet werden.
16	Es sollte die Möglichkeit von individuellen Zusatzleistungen geben, aber die grundlegende Personalstruktur muß ausreichend für mindestens doppelt besetzte Dienste ab spätestens 12.00 Uhr/WE 10.00 Uhr sein.
17	Es sollten die Kosten gedeckt sein und individuelle Zusatzangebote finanziert werden.
18	flexibel
19	Flexibel für Anwendung, ggf. Modular.
20	Flexibel und pauschal.
21	Flexibel, vertrauensvoll, großzügig.
22	Flexible Bausteine zum hinzubuchen, um individuellen Bedürfnissen gerecht werden zu können.
23	Im Entgelt müssen sich alle inklusiven Leistungen abzeichnen.
24	Im stationären bereich: niedrigere Auslasungsquoten!
25	Individualisiert Konzepte finden Berücksichtigung; Entgelte entsprechen der fachlichen Notwendigkeit und Personalressource.
26	Individuelle Lösungen müssen möglich sein.
27	Kein Kommentar.

28	Keine Trennung zwischen JuHi und EGH.
29	Keine Zweiteilung von Kostenträgerschaft.
30	Kostendeckung im Sinne der Anerkennung vorhandener Kosten und des Taris – TVÖD als „Obermarke“ unpassend, prospektiv.
31	Kostentransparent und innerhalb des (Gruppen)Angebots als kostendeckende Mischkalkulation auf Basis der Mindestleistung in der Gruppe und nicht für jeden jungen Mensch ine individuelles Entgelt. Zusätzliche Angebote hinzuziehen muss möglich und das Verfahren sowie die Kostenregelung geklärt sein.
32	Mit so viel Flexibilität, dass individuell auf die Bedarfe der Klient*innen eingegangen werden kann.
33	Möglichst auch flexibel, pauschale Beträge die für bestimmte Leistungen zur Verfügung gestellt werden!
34	Nachvollziehbar und bedarfssorientiert.
35	QUALITÄT+LEISTUNG = ENTGELT
36	Rahmenverträge könnten sinnvoll sein, wenn Zusatzleistungen prgamatisch dazu verhandelt werden.
37	Refinanzierung sollte einfach gegeben sein, wenn an der Behörde darlegt, wofür man diese braucht. Momentan ist es einfach ein Kampf, der aussichtslos ist. Stichwort: extrem herausforderndes Verhalten von Kindern und Jugendlichen im Gruppenalltag, welche eigentlich Doppeldienste beötigen um gut betreut zu werden, dies aber nicht refinanziert ist.
38	Ressourcen für inklusives Arbeiten enthalten.
39	Sie sollten den notwendigen, finanziellen Rahmen ermöglichen insbes. um den Verbleib von Kindern in der Einrichtung zu ermöglichen, mehr Offenheit des Kostenträgers bei intensiveren Bedarfen, die womöglich zeiitlich begrenzt sind
40	Sie sollten die tatsächlichen Kosten abdecken.
41	Sie sollten so gestaltet sein, dass sie die Tatsache berücksichtigen, dass inklusive Pädagogik nur mit höherem personalschlüssel effektiv umgesetzt werden kann.
42	Sie sollten wie eine Art Baukastensystem aufgebaut sein.
43	Siehe Punkt 32.
44	Sonderkosten für Betreute muss erhöht werden und Sonderbedarfe müssen eigenen größeren Pauschalbetrag enthalten. Personalschlüssel und Gruppengrößen indiviueller/konzeptionell vielfältiger gestalten Besondere finanzielle Bedarfe der Förderung/Härte- oder Einzelfallösungen müssen ausdrücklich möglich sein, nötigenfalls bei Diskrepanzen WiJu und Träger könnte ein Schlichtungsausschuss der Entgelkommision angerufen werden.

45	Stärkere Einbeziehung von operativ Verantwortlichen (z. B. Einrichtungsleitung) und Klienten; mindestens Anhörung, besser: Mitbestimmung.
46	Transparent und kongruent, bedarfsgerecht.
47	Transparente Darstellung der Wirtschaftlichkeit sowohl vonm öffentlichen als auch vom freien Träger; das Anstreben von Kompromissen.
48	Unter Berücksichtigung fachlicher Standards mit Blick auf faire Löhne für die Fachkräfte. Im Dialog entworfen, um zu vermeiden, dass Entgetvereinbarungen getroffen werden, die zu einer Nichtbelegung führen.

Abbildungsverzeichnis

Der Autor

Daniel Kieslinger ist stellvertretender Geschäftsführer des Bundesverbandes Caritas Kinder- und Jugendhilfe (BVkE) und Leitung des Modellprojekts Inklusion jetzt! Seine Arbeitsschwerpunkte sind die Finanzierungsstrukturen der Kinder- und Jugendhilfe sowie der Eingliederungshilfe, Inklusion, Sozialpolitik und Fachkräfteentwicklung.